LÍNGUA PORTUGUESA

MARCHA CRIANÇA

5º ANO

CB028480

Maria Teresa Marsico

Professora graduada em Letras pela Universidade Federal do Rio de Janeiro (UFRJ) e em Pedagogia pela Sociedade Unificada de Ensino Superior Augusto Motta. Atuou por mais de trinta anos como professora de Educação Infantil e Ensino Fundamental das redes municipal e particular no município do Rio de Janeiro.

Maria Elisabete Martins Antunes

Professora graduada em Letras pela Universidade Federal do Rio de Janeiro (UFRJ). Atuou durante trinta anos como professora titular em turmas do 1º ao 5º ano na rede municipal de ensino do Rio de Janeiro.

Armando Coelho de Carvalho Neto

Atua desde 1981 com alunos e professores das redes oficial e particular de ensino do Rio de Janeiro. Desenvolve pesquisas e estudos sobre metodologias e teorias modernas de aprendizado. É autor de obras didáticas para Ensino Fundamental e Educação Infantil desde 1993.

Agora você também consegue acessar o *site* exclusivo da **Coleção Marcha Criança** por meio deste QR code.

Basta fazer o *download* de um leitor QR code e posicionar a câmera de seu celular ou *tablet* como se fosse fotografar a imagem acima.

editora scipione

editora scipione

Diretoria de conteúdo e inovação pedagógica
Mário Ghio Júnior

Diretoria editorial
Lidiane Vivaldini Olo

Gerência editorial
Luiz Tonolli

Editoria de Anos Iniciais
Tatiany Telles Renó

Edição
Miriam Mayumi Nakamura e
Letícia Reys Scarp

Arte
Ricardo Braga (superv.),
Andréa Dellamagna (coord. de criação),
Gláucia Correa Koller (progr. visual de capa e miolo),
Cláudio Faustino (editor de arte) e
Casa de Tipos (diagram.)

Revisão
Hélia de Jesus Gonsaga (ger.),
Rosângela Muricy (coord.),
Ana Curci, Heloísa Schiavo (prep.),
Gabriela Macedo de Andrade,
Luís Maurício Boa Nova,
Vanessa de Paula Santos e
Brenda Morais (estag.)

Iconografia
Sílvio Kligin (superv.)
Claudia Balista (pesquisa),
Cesar Wolf e Fernanda Crevin (tratamento de imagem)

Ilustrações
ArtefatoZ (capa), Ilustra Cartoon, Camila de Godoy e
Adelmo Naccari (miolo)

Cartografia
Eric Fuzii, Marcelo Seiji Hirata, Márcio Santos de Souza e
Robson Rosendo da Rocha

Direitos desta edição cedidos à Editora Scipione S.A.
Av. das Nações Unidas, 7221, 3º andar, Setor D
Pinheiros – São Paulo – SP – CEP 05425-902
Tel.: 4003-3061
www.scipione.com.br / atendimento@scipione.com.br

Dados Internacionais de Catalogação na Publicação (CIP)
(Câmara Brasileira do Livro, SP, Brasil)

Marsico, Maria Teresa
    Marcha criança : língua portuguesa, 5º ano:
ensino fundamental / Maria Teresa Marsico, Maria
Elisabete Martins Antunes, Armando Coelho de
Carvalho Neto. – 12. ed. – São Paulo:
Scipione, 2015. – (Coleção marcha criança)

    Bibliografia.

    1. Português (Ensino fundamental) I. Antunes,
Maria Elisabete Martins. II. Carvalho Neto,
Armando Coelho de. III. Título. IV. Série.

15-02853   CDD–372.6

Índice para catálogo sistemático:
1. Português : Ensino fundamental 372.6

2018
ISBN 978 85262 9598 8 (AL)
ISBN 978 85262 9597 1 (PR)

Cód. da obra CL 738980

CAE 541 782 (AL) / 541 783 (PR)

12ª edição
6ª impressão

Impressão e acabamento
Bercrom Gráfica e Editora

Os textos sem referência são de autoria de Maria Teresa Marsico e Armando Coelho.

Apresentação

Querido aluno, querida aluna,

Preparamos este livro com muito carinho especialmente para você. Ele está repleto de situações e atividades motivadoras, que certamente despertarão seu interesse e lhe proporcionarão muitas descobertas. Esperamos que com ele você encontre satisfação no constante desafio de aprender!

Ao final de cada Unidade apresentamos a seção **Ideias em ação**. Nela, você e seus colegas colocarão em prática alguns dos conhecimentos adquiridos no decorrer de seus estudos.

Além disso, como novidade, temos a seção **O tema é...**, trazendo para você temas para discutir, opinar e conhecer mais. De modo envolvente, essa seção preparará você e seus colegas para compreender melhor o mundo em que vivemos.

Crie, opine, participe, aprenda e colabore para fazer um mundo melhor. E lembre-se sempre de compartilhar seus conhecimentos com todos à sua volta.

Bons estudos e um forte abraço,

*Maria Teresa,
Maria Elisabete
e Armando*

ArtefatoZ/Arquivo da editora

Conheça seu livro

Veja a seguir como o seu livro está organizado.

Unidade

Seu livro está organizado em quatro Unidades. As aberturas são em páginas duplas. Em **Vamos conversar?** você e seus colegas discutem algumas questões e conversam sobre a imagem de abertura. Em **O que vou estudar?** você encontra um resumo do que vai aprender em cada Unidade.

Vocabulário

Para facilitar o entendimento, você encontra o significado de algumas palavras no final dos textos. Essas palavras aparecem destacadas no texto.

Por dentro do texto

Nesta seção você encontra atividades que exploram os textos lidos. Você também vai discutir suas ideias com os colegas e dar sua opinião sobre vários assuntos.

Aprendendo gramática

Por meio de textos e atividades variadas, você aprende a gramática de uma forma mais simples e natural.

Escrevendo certo

Nesta seção, você treina a ortografia.

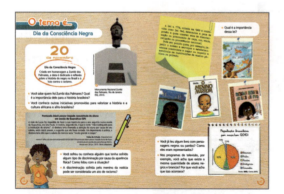

O tema é…

Seção que traz temas para você discutir, opinar e aprender mais!

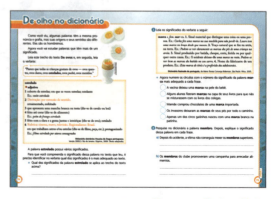

De olho no dicionário

Nesta seção, você recebe dicas e sugestões de como usar o dicionário.

Ideias em ação

Esta seção encerra a Unidade. Nela, você faz a produção de um texto seguindo algumas etapas e usa o **Caderno de produção de texto**.

Sugestões para o aluno

Seleção de livros, CDs, *sites* e DVDs para complementar seus estudos e ampliar seus conhecimentos.

Materiais de apoio

Caderno de gramática e ortografia

Material no final do livro que ajuda você a complementar e revisar o estudo de gramática e ortografia.

Caderno de produção de texto

Material avulso no qual você faz suas produções de texto. As orientações de como usá-lo estão na seção **Ideias em ação**.

Caderno de verbos

Material no final do livro que reúne todo o conteúdo referente a verbos e auxilia sua consulta e seus estudos.

Livro de leitura

Material de leitura avulso que traz o conto **O mágico de Oz** e a seção **Por dentro da história**, com atividades.

Página ⊕

No final do livro você encontra uma página especial ilustrada, que destaca alguns dos assuntos explorados no livro.

Quando você encontrar estes ícones, fique atento!

 atividade oral

 atividade no caderno

 atividade em grupo

 Este ícone indica objetos educacionais digitais (OEDs) relacionados aos conteúdos do livro. Acesse: <www.marchacrianca.com.br>.

Sumário

Ilustra Cartoon/Arquivo da editora

14 BIS

Ilustra Cartoon/ Arquivo da editora

Histórias de uma vida

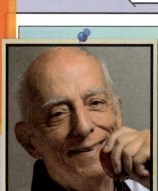

Library of Congress/Science Faction/ Getty Images

Vamos conversar?

- Você já viu ou tem em sua casa um álbum de fotos?

- Sabe por que as pessoas costumam fazer álbuns?

- Você conhece alguma das pessoas das fotos?

Regis Filho/Valor/Folhapress

O que vou estudar?

- Letra e fonema

- Encontro consonantal e dígrafo

- Encontro vocálico: vogais e semivogais

- Ditongo oral e nasal; ditongo crescente e decrescente

- Sinais gráficos

- Homônimo e parônimo

Gabo Morales/Folhapress

Rue des Archives/PVDE/Latinstock

Les Stone/Sygma/Corbis/Latinstock

Victor Moriyama/Folhapress

A professora de Helen Keller

Alguns dos meninos e meninas mais sortudos são aqueles que têm seus professores como heróis.

Helen Keller não era como as outras menininhas. Ela não podia ver as flores desabrochando no jardim ou as borboletas flutuando de flor em flor, e nem mesmo as nuvens brancas deslizando pelo céu azul. Não podia ouvir os pássaros cantando nas copas das árvores em frente à sua janela, ou o gargalhar e cantar das outras crianças brincando. A pequena Helen era cega e surda.

Como não conseguia ouvir as pessoas falando, Helen nunca aprendera a falar. Ela podia segurar no vestido de sua mãe e segui-la por toda a casa, mas não sabia lhe dizer "Eu te amo". Ela podia sentar no colo de seu pai, mas não conseguia pedir "Pai, me conta uma história?". Helen vivia em um mundo escuro e silencioso onde se sentia sozinha.

Uma tarde, quando já tinha quase 7 anos, Helen estava na varanda. Ela sentiu um quente ardor em seu rosto, mas não sabia que vinha do sol. Ela aspirou a doçura da **madressilva** que crescia ao lado da sua casa, mas não sabia o que era.

De repente, Helen sentiu dois braços envolvendo-a e abraçando-a fortemente. Ela logo percebeu que não era seu pai nem sua mãe. Primeiro, tentou afastar o estranho, chutando, arranhando e batendo. Então, começou a imaginar quem poderia ser. Estendeu as mãos sobre o rosto da pessoa, depois sobre seu vestido e finalmente sobre a grande mala que carregava.

Como Helen poderia entender que aquela jovem era Anne Sullivan, que viera morar com ela e ser sua professora?

Anne deu uma boneca de presente para Helen. Em seguida, fez sinais com seus dedos na mão da menina. Anne escreveu B-O-N-E-C-A devagar. Helen sentiu os dedos de Anne se movendo sobre sua mão, mas não entendeu o que ela queria lhe dizer. Não entendeu que cada um desses sinais era uma letra e que essas letras formavam a palavra *boneca*. Helen, então, se afastou de Anne.

Porém, a nova professora não desistiu. Deu um pedaço de bolo a Helen e escreveu a palavra B-O-L-O em sua mão. A menina repetiu os sinais com seus próprios dedos, mas ainda continuou sem compreender o significado deles.

Nos dias e semanas que se seguiram, Anne colocou muitos objetos diferentes nas mãos de Helen, e sempre escrevia as palavras em sua mão. Tentou ensinar-lhe palavras como *alfinete*, *chapéu* e *xícara*. Para Helen, tudo parecia muito estranho. Ela se cansou dessa estranha mulher sempre pegando em sua mão. Às vezes, se irritava com Anne e começava a socar a escuridão à sua volta. Chutava e arranhava, gritava e resmungava, quebrava pratos e lâmpadas.

Às vezes, Anne se perguntava se algum dia conseguiria ajudar a pequena Helen a sair de seu mundo solitário de escuridão e silêncio. Mas ela prometeu a si mesma que não desistiria.

Então, numa manhã, Helen e Anne caminhavam ao ar livre quando passaram por um antigo poço. Anne colocou a mão de Helen sob o jato de água enquanto bombeava. Com a água jorrando sobre a mão da menina, Anne escreveu Á-G-U-A.

Helen ficou parada. Em uma das mãos, ela sentia a água caindo fria. Na outra, sentia os dedos de Anne fazendo os sinais ininterruptamente. De repente, uma alegria vibrou em seu coraçãozinho. Ela compreendeu que Á-G-U-A era aquela coisa maravilhosa e gelada que corria por sua mão. Finalmente, Helen entendeu o que Anne estava tentando ensinar-lhe havia semanas. Percebeu que tudo tinha um nome e que poderia usar seus dedos para escrever cada um desses nomes!

Ilustra Cartoon/Arquivo da editora

Helen voltou para casa rindo e chorando. Ela tocava em tudo que encontrava pelo caminho, perguntando os nomes — cadeira, mesa, porta, mãe, pai, bebê e muitos mais. Havia tantas palavras maravilhosas para aprender! Mas nenhuma era tão maravilhosa quanto a palavra que Helen aprendeu quando tocou em Anne para perguntar seu nome e esta escreveu P-R-O-F-E-S-S-O-R-A.

Helen Keller nunca parou de estudar. Aprendeu a ler com os dedos, a escrever e até a falar. Completou a escola e a faculdade, sempre com Anne para ajudá-la. Helen e Anne se tornaram muito amigas.

Helen cresceu e se tornou uma grande mulher. Dedicou sua vida a ajudar pessoas que não podiam ver ou ouvir. Trabalhou muito, escreveu livros, cruzou oceanos. Em todos os lugares aonde ia, Helen inspirava coragem e esperança. Presidentes e reis a cumprimentaram, e o mundo inteiro passou a amá-la. Uma infância que começou solitária e escura transformou-se em uma vida cheia de luz e alegria.

— E o dia mais importante da minha vida — disse Helen —, foi o dia em que minha professora chegou.

Ilustra Cartoon/Arquivo da editora

O livro dos heróis para crianças, de William J. Bennett. Rio de Janeiro: Nova Fronteira, 2001. (Texto adaptado).

Reprodução/Editora Nova Fronteira

madressilva: planta trepadeira, com flores bonitas e perfumadas e folhas pequenas.

Helen Keller nasceu em Tuscumbia (Alabama), nos Estados Unidos, em 27 de junho de 1880, e faleceu aos 87 anos.

A história de Helen Keller e de sua professora é contada no filme **O milagre de Anne Sullivan**, de 1962.

A relação de pupila e professora e de amizade entre elas durou 49 anos.

Akg-Images/Latinstock

Por dentro do texto

1 A história de Helen Keller é:

◯ fictícia.

◯ real.

2 Em sua opinião, por que o dia mais importante da vida de Helen Keller foi quando sua professora chegou?

....

....

3 Por que o texto afirma que Helen vivia em um mundo de escuridão e silêncio?

....

4 Qual foi a primeira palavra que Helen conseguiu compreender por meio dos sinais que Anne fazia em suas mãos?

....

○ E qual foi a palavra mais maravilhosa que ela aprendeu? Por quê?

....

....

....

5 Releia este trecho:

"Helen ficou parada. Em uma das mãos, ela sentia a água caindo fria. Na outra, sentia os dedos de Anne fazendo os sinais **ininterruptamente**."

○ Qual o significado da palavra destacada? Se necessário, pesquise no dicionário.

◯ Lentamente, sem pressa.

◯ Sem interrupção; de modo contínuo.

◯ Com pausas para descanso.

6 Assinale a alternativa em que a palavra **grande** apresenta o mesmo significado que tem no trecho abaixo.

> "Helen cresceu e se tornou uma **grande** mulher."

○ O carro passou em **grande** velocidade.

○ Esta semana fez **grande** frio.

○ Ela foi uma **grande** pessoa.

○ Ela já é uma menina **grande**.

7 A história é contada:

○ por um narrador-personagem.   ○ por um narrador-observador.

○ Há um trecho do texto em 1ª pessoa. Copie esse trecho.

....

....

8 Qual foi a reação de Helen ao compreender pela primeira vez uma palavra que Anne lhe ensinava?

....

....

9 O texto que você leu foi retirado do livro **O livro dos heróis para crianças**.

a) Por que você acha que esse texto faz parte do livro?

....

....

b) E você, considera alguém um herói? Por quê?

Texto 1 – A professora de Helen Keller

Saiba mais

Um dos sistemas que Helen Keller usou para se comunicar durante sua vida foi o **Braille**. Você já ouviu falar sobre ele?

Leia o trecho desta reportagem para saber um pouco mais sobre esse sistema.

Como funciona o sistema Braille?

O sistema Braille é um processo de escrita e leitura baseado em símbolos em relevo, resultantes da combinação de até seis pontos dispostos em duas colunas de três pontos cada. Pode-se fazer a representação tanto de letras como algarismos e sinais de pontuação. Ele é utilizado por pessoas cegas ou com baixa visão, e a leitura é feita da esquerda para a direita, ao toque de uma ou duas mãos ao mesmo tempo.

O código foi criado pelo francês Louis Braille (1809-1852), que perdeu a visão aos 3 anos e criou o sistema aos 16.

[...]

O código Braille não foi a primeira iniciativa que permitia a leitura por cegos. Havia métodos com inscrições em alto-relevo, normalmente feito por letras costuradas em papel, que eram muito grandes e pouco práticos. Quatro anos antes de criar seu método, Louis Braille teve contato com um capitão da artilharia francesa que havia desenvolvido um sistema de escrita noturna, para facilitar a comunicação secreta entre soldados, já utilizando pontos em relevo. Braille simplificou esse trabalho e o aprimorou, permitindo que o sistema fosse também utilizado para números e símbolos musicais.

[...]

Hoje institutos como o Benjamin Constant, o Dorina Nowill e muitos outros pelo país oferecem programas de capacitação em Braille e dispõem de vasto material sobre o assunto.

Alfabeto Braille, pontuação e números.

Livro escrito com código Braille.

Como funciona o sistema Braille, de Renata Costa. **Nova Escola**, [s.d.]. Disponível em: <http://revistaescola.abril.com.br/formacao/como-funciona-sistema-braille-496102.shtml>. Acesso em: 27 fev. 2015. (Texto adaptado).

Aprendendo gramática

● Letra e fonema

Agora você vai ler um trecho do livro **Emília no País da Gramática**, de Monteiro Lobato.

Ilustrações: Ilustra Cartoon/Arquivo da editora

Que zumbido será este? — indagou a menina. — Parece que andam voando por aqui milhões de vespas invisíveis.

— É que já entramos em terras do País da Gramática — explicou o rinoceronte. — Estes zumbidos são os Sons Orais, que voam soltos no espaço.

— Não comece a falar difícil que nós ficamos na mesma — observou Emília. — Sons Orais, que pedantismo é esse?

— Som Oral quer dizer som produzido pela boca. A, E, I, O, U são Sons Orais, como dizem os senhores gramáticos.

— Pois diga logo que são letras! — gritou Emília.

— Mas não são letras! — protestou o rinoceronte.

Quando você diz A ou O, você está produzindo um som, não está escrevendo uma letra. Letras são sinaizinhos que os homens usam para representar esses sons. Primeiro há os Sons Orais; depois é que aparecem as letras, para marcar esses Sons Orais. Entendeu?

O ar continuava num zum-zum cada vez maior. Os meninos pararam, muito atentos, a ouvir.

— Estou percebendo muitos sons que conheço — disse Pedrinho, com a mão em concha ao ouvido.

— Todos os sons que andam zumbindo por aqui são velhos conhecidos seus, Pedrinho.

— Querem ver que é o tal alfabeto? — lembrou Narizinho. — E é mesmo! Estou distinguindo todas as letras do alfabeto...

— Não, menina; você está apenas distinguindo todos os sons das letras do alfabeto — corrigiu o rinoceronte com uma pachorra igual à de Dona Benta. — Se você escrever cada um desses sons, então, sim; então surgem as letras do alfabeto.

Emília no País da Gramática, de Monteiro Lobato. São Paulo: Globo, 2009.

Quando falamos, usamos sons. Esses sons recebem o nome de **fonemas**.
Quando escrevemos, usamos letras, sinais gráficos que representam sons da fala.

16

Texto 1 – A professora de Helen Keller

1 Leia as palavras abaixo em voz alta.

pato

rato

a) As palavras que você falou têm:

○ 4 letras e o mesmo significado.

○ 4 letras, todos os sons iguais e significados diferentes.

○ 4 letras, alguns sons diferentes e significados diferentes.

b) Que sons permitem diferenciar a palavra **pato** da palavra **rato**?

....

2 Veja o exemplo e continue escrevendo quantas letras e quantos fonemas cada palavra tem.

amigo   → *5 letras, 5 fonemas*

caprichar   → ....

brilhante   → ....

coração   → ....

romance   → ....

máquina   → ....

nasceu   → ....

guerra   → ....

Fique por dentro!

Lembre-se! Um som representado por duas letras é chamado de **dígrafo**.

Unidade 1

3 Copie as palavras da atividade 2 que têm fonemas representados por dígrafos.

....

....

....

4 Leia as afirmações abaixo.

(a) Um mesmo som pode ser representado por letras diferentes.

(b) Uma mesma letra pode ter sons diferentes.

(c) Uma letra pode não representar som algum.

● Que grupo de palavras corresponde a cada afirmação? Responda escrevendo corretamente as letras nos círculos.

( ) **g**oleiro, **g**inástica

( ) **c**ebola, va**ss**oura

( ) **h**otel, **h**oje

5 Mude ao menos uma letra em cada palavra e forme novas palavras.

a) sala: ....

....

b) calo: ....

....

c) teto: ....

....

6 Divirta-se com a adivinha.

Como transformar uma em uma ?

....

Texto 1 – A professora de Helen Keller

Escrevendo certo

k, w, y

1 Volte ao texto da página 10 e encontre uma palavra que contenha a letra **k**. Depois escreva-a.

....

○ Você conhece outras palavras com essa letra? E com as letras **w** e **y**? Escreva-as no caderno.

> As letras **k**, **w** e **y** são usadas em palavras estrangeiras, em nomes próprios e em abreviaturas e símbolos.

2 Você sabe o que significam os símbolos abaixo? Pesquise no dicionário e escreva o significado deles.

W: ....

km: ....

kg: ....

3 No alfabeto, as letras obedecem a uma ordem: a **ordem alfabética**. Escreva os nomes do quadro nas linhas abaixo, seguindo a ordem alfabética.

Taís	Leonardo	Karina	Viviane	William
Sérgio	Yasmin	Zilda	João	Valéria

1. ....   6. ....

2. ....   7. ....

3. ....   8. ....

4. ....   9. ....

5. ....   10. ....

Brinquedos

OED

Minhas netas: Quando eu era menino eu brincava muito. Brincar é a coisa mais gostosa. Algumas pessoas grandes têm vergonha de brincar; acham que brincar é coisa de criança. O resultado é que elas ficam sérias, preocupadas, ranzinzas, amargas, implicantes, chatas, impacientes. Perdem a capacidade de rir e ninguém gosta da sua companhia. Quem brinca não fica velho. Pode ficar velho por fora, como eu. Mas por dentro continua criança, como eu…

Naquele tempo o jeito de as meninas e os meninos brincarem era muito diferente do jeito de hoje. Hoje, falou brincar, falou comprar brinquedo. E os brinquedos se encontram nas lojas e custam dinheiro. Mas lá na roça onde eu morava não havia lojas. E mesmo que houvesse, eu era um menino pobre. Não tinha dinheiro para comprar brinquedos.

Eu brincava. Brincava sem comprar brinquedos. Não precisava. Eu fazia meus brinquedos. Na verdade, fazer os brinquedos era a parte mais divertida do brincar.

Ilustrações: Ilustra Cartoon/Arquivo da editora

Já lhes contei sobre o carrinho de lata de sardinha que tenho guardado entre meus brinquedos. Quando o vi, lembrei-me de mim mesmo, fazendo meus brinquedos. O menino que fez aquele carrinho era um menino pobre. E eu o vejo trabalhando para fazer o brinquedo que ele não podia comprar. E imagino o orgulho que ele sentiu quando o carrinho ficou pronto. "Fui eu que fiz!". Um amigo meu, o Vidal, me deu um caminhão que ele mesmo fez, como presente de Natal. É um caminhão--tanque. O tanque é feito com uma lata de óleo deitada. A cabine, com janelas e espelhos retrovisores, é feita com uma lata de azeite. As antenas e o cano de escapamento são feitos com pedaços de antenas velhas que ele encontrou em lojas onde se consertam rádios. E as rodas, ele as fez cortando, com um serrote, fatias de um cabo de enxada, iguais às fatias que se cortam de um salame.

Para fazer um brinquedo é preciso usar a imaginação. A imaginação é um poder mágico que existe na nossa cabeça. Magia é transformar uma coisa em outra pelo poder do pensamento. A bruxa fala: "Sapo" — e o lindo príncipe vira sapo... O menino que fez o carrinho com a lata de sardinha teve de usar sua imaginação mágica também. Ele olhou para a lata de sardinha abandonada e disse: "Carrinho". E foi esse carrinho que ele viu com o pensamento que fez com que ele trabalhasse para fazer seu carrinho de brinquedo.

A imaginação gosta de brincar. A brincadeira de que ela mais gosta é o faz de conta. É brincando de faz de conta que ela constrói brinquedos. Faz de conta que uma lata de sardinha é um carrinho. Faz de conta que o cachorrinho de pelúcia é um cachorrinho de verdade. Faz de conta que o travesseiro macio é uma pessoa de quem a gente gosta muito. […]

Ilustrações: Ilustra Cartoon/ Arquivo da editora

A Raquel, minha filha, tinha 4 anos. Eu a levei ao cinema para ver o **ET**. O cinema é também uma brincadeira de faz de conta. Enquanto a gente está lá, a gente vive, ri e chora "como se" tudo fosse verdade. Prestem atenção nisto — esta é uma das coisas mais extraordinárias dos seres humanos —: temos a capacidade de viver e sentir coisas que não existem, coisas que são produto da imaginação, como se elas fossem reais. Quem não chorou vendo o filme **O Rei Leão**? Quem não ficou com raiva da Madrasta e da Drizela? Quem não torceu pelos cãezinhos dálmatas? Pois a Raquel saiu do cinema e chorou, chorou, chorou... Não houve o que a consolasse. Depois do jantar, resolvi consolá-la. Para consolá-la eu precisava entrar no jogo de faz de conta. Aí eu lhe disse: "Vamos lá fora ver se achamos a estrelinha que é a casa do ET!". Ela se levantou, animada. Mas aí, decepção. O tempo tinha mudado. O céu estava coberto de nuvens. Não havia estrelinhas para serem vistas. Pensei rápido. Uma mudança de tática era necessária. "Olha lá, Raquel, atrás da palmeira! O ET está lá!". Ela não sorriu, como eu esperava. Não entrou na minha brincadeira. "O ET não existe, papai", ela respondeu, séria. Então eu disse: "Ah, é? Se não existe, por que é que você estava chorando?". Ela me respondeu: "Por isso mesmo: porque ele não existe...". Que coisa mais misteriosa, mais bonita: que nós sejamos capazes de ter alegrias e tristezas por causa de coisas que não existem.

Quando eu era menino, de Rubem Alves.
Campinas: Papirus, 2003.

Reprodução/Editora Papirus

Rubem Alves nasceu em Boa Esperança, Minas Gerais (1933-2014). Foi teólogo, professor e escritor.

Escreveu diversos livros, tanto para público adulto quanto para o infantil.

A crônica **Brinquedos** faz parte do livro **Quando eu era menino**, que narra, em tom de conversa com as netas, lembranças de sua infância. Por meio de suas histórias, ele nos faz pensar sobre nossa vida e as coisas simples do cotidiano.

Lucas Lacaz Ruiz/Futura Press

Texto 2 – Brinquedos

Por dentro do texto

1 Leia um trecho do texto de quarta capa do livro de onde foi retirada a crônica **Brinquedos**.

> Nesta edição especial, encontram-se reunidas crônicas de Rubem Alves em que, num tom de conversa mansa do avô com as netas, ele descortina paisagens de sua infância. [...]
>
> Trecho do texto de quarta capa do livro **Quando eu era menino**, de Rubem Alves. Campinas: Papirus, 2003.

a) De acordo com o texto acima, quem é o avô que conversa com suas netas?

....

b) Assinale a alternativa que melhor apresenta o significado da palavra **descortina**.

◯ esconde   ◯ revela   ◯ remove

2 Com as informações que você obteve, é possível afirmar que a crônica narra fatos:

◯ fictícios.   ◯ reais.

3 A história narrada aconteceu em dois momentos da vida do autor. Quais foram?

....

....

4 Pelo texto, é possível saber alguns detalhes da infância de Rubem Alves. Escreva os que você conseguir encontrar.

....

....

....

....

....

....

....

....

5 Leia este trecho:

> "Algumas pessoas grandes têm vergonha de brincar; acham que brincar é coisa de criança."

a) Quem são as "pessoas grandes"?

....

b) De acordo com o autor, o que acontece com as pessoas grandes que não brincam?

....

....

....

6 O que o autor quis dizer no trecho abaixo?

> "Pode ficar velho por fora, como eu. Mas por dentro continua criança, como eu..."

◯ Ele é uma pessoa jovem por fora, mas se sente como um velho.

◯ Quando ele ficar velho por fora, envelhecerá também por dentro.

◯ Ele é uma pessoa idosa, mas continua se sentindo como uma criança.

7 Leia este trecho da crônica **Brinquedos**:

> "Algumas pessoas grandes **têm** vergonha de brincar"

a) Assinale o significado do verbo **ter** nesse trecho.

◯ necessitar   ◯ desfrutar   ◯ sentir

b) Assinale a frase em que o verbo **ter** significa **viver**.

◯ O avô teve bons momentos na sua infância.

◯ A neta tem um avô maravilhoso.

◯ O caminhão tinha rodas de madeira.

8 Leia este trecho:

> "**Naquele tempo** o jeito de as meninas e os meninos brincarem era muito diferente do jeito de hoje."

○ A expressão destacada pode ser substituída por qual palavra sem perder o sentido?

....

....

9 Para o autor, qual era a parte mais divertida do brincar? Você concorda com ele?

....

....

10 Segundo o autor, naquele tempo, o jeito de brincar era muito diferente do jeito de hoje. Pergunte aos seus familiares quais eram os brinquedos que eles faziam e do que eles brincavam antigamente. Registre as respostas nas linhas a seguir.

Filipe Redondo/Folhapress

Gabo Morales/Folhapress

....

....

....

....

○ Você brinca atualmente com algum brinquedo ou de alguma brincadeira citada pelos seus familiares? Qual?

....

....

11 Você acha que brincar com os brinquedos feitos com material reutilizável pode ser tão divertido quanto brincar com os comprados em lojas? Por quê?

....

....

Unidade 1

Aprendendo gramática

● Encontro consonantal e dígrafo

1 Releia este trecho do texto:

> "Brincar é a coisa mais gostosa. Algumas pessoas grandes têm vergonha de brincar; acham que brincar é coisa de criança. O resultado é que elas ficam sérias, preocupadas, ranzinzas, amargas, implicantes, chatas, impacientes."

a) Copie nos quadros as palavras que têm encontro consonantal e indique-os.

Palavra	Encontro consonantal	Palavra	Encontro consonantal

b) Em algumas palavras desse trecho do texto também há dígrafos. Copie essas palavras e indique os dígrafos.

Palavra	Dígrafo	Palavra	Dígrafo

o Também são dígrafos os grupos de letras **am**, **an**, **em**, **en**, **im**, **in**, **om**, **on**, **um**, **un**, que servem para representar as vogais nasais: br**in**quedo e c**om**panhia, por exemplo.

o Não são dígrafos os grupos **gu**, **qu**, **sc** e **xc** nas palavras em que cada uma dessas letras representa um som: á**gu**a, **qu**adro, e**sc**apamento e e**xc**ursão, por exemplo.

o Na separação de sílabas, as letras dos dígrafos **rr**, **ss**, **sc**, **sç** e **xc** ficam separadas: ca**r-r**o, tra-ve**s-s**ei-ro, na**s-c**i-men-to, cre**s-ç**o e e**x-c**e-to, por exemplo.

2 Circule os dígrafos e escreva a quantidade de letras e fonemas de cada uma das palavras.

preguiça ....

apressado ....

excelente ....

barulho ....

limpo ....

som ....

o Agora faça a divisão silábica das palavras, colocando cada sílaba em um espaço. Pinte os espaços que ficarem vazios.

Escrevendo certo

-esa, -eza

Leia este trecho da crônica **Brinquedos** e observe a palavra destacada:

> "Que coisa mais misteriosa, mais bonita: que nós sejamos capazes de ter alegrias e **tristezas** por causa de coisas que não existem."

A terminação **-eza** é empregada para formar substantivo derivado de adjetivo. Veja:

Adjetivo	Substantivo
triste →	trist**eza**
belo →	bel**eza**

Ilustra Cartoon/Arquivo da editora

Já a terminação **-esa** é empregada para formar o feminino de alguns substantivos. Veja:

Masculino	Feminino
camponês →	campon**esa**
português →	portugu**esa**

> As palavras com as terminações **-eza** e **-esa** apresentam o mesmo som em sua terminação, embora a grafia não seja igual.

1 Escreva uma frase com o feminino das palavras abaixo.

a) príncipe

....

b) duque

....

c) barão

....

d) chinês

....

2 Escreva os substantivos terminados em **-eza** derivados dos adjetivos abaixo. Veja o exemplo.

Adjetivo	Substantivo
esperto	*esperteza*
bravo	
pobre	
delicado	
gentil	

Adjetivo	Substantivo
rico	
nobre	
firme	
sutil	
limpo	

3 Observe os adjetivos pátrios do quadro. Depois, leia as frases abaixo e complete-as.

> portugu**ês** → portugu**esa**
> japon**ês** → japon**esa**

a) Ele nasceu na França, portanto é franc**ês**. Ela nasceu na Holanda, portanto é ....

b) Em restaurante chin**ês** come-se comida típica ....

c) É .... o homem que nasceu na Inglaterra; é .... a mulher que também nasceu nesse país.

4 Pinte de amarelo a palavra intrusa no quadro a seguir.

> freguesa   libanesa   polonesa   natureza   tailandesa

o Agora justifique.

A palavra .... termina em ...., pois é um substantivo derivado de um adjetivo: .... As outras palavras terminam em ...., pois são substantivos femininos de outros substantivos.

O diário de Zlata

Pouco antes de completar 11 anos, Zlata Filipović começa a escrever em seu diário, a que deu o nome de "Mimmy". Inicialmente, escreve sobre assuntos que dizem respeito a uma menina inteligente e despreocupada. No entanto, alguns meses depois, a guerra atinge sua terra, Sarajevo. Com muita coragem, Zlata continua registrando os acontecimentos desumanos e tristes que uma guerra provoca.

Segunda-feira, 2 de dezembro de 1991.

Amanhã é o dia do meu aniversário. Mamãe está preparando biscoitos, bolo e tudo o mais, pois na nossa casa é sempre uma grande festa. No próprio dia do aniversário, 3 de dezembro, recebo minhas amigas, e no dia seguinte a família e os amigos. Eu e mamãe estamos preparando um bingo e charadas para as crianças. Amanhã vamos pôr a mesa com copos, pratos de sobremesa e guardanapos com pequenas maçãs vermelhas. É muito bonitinho. Mamãe comprou tudo em Pula. O bolo vai ser em forma de borboleta e... vai ter onze velas para eu assoprar! Vou aspirar fundo para conseguir apagar todas de uma vez só.

[...]

Domingo, 5 de abril de 1992.

Dear Mimmy,

Estou tentando me concentrar nos deveres (um livro para ler), mas simplesmente não consigo. Alguma coisa está acontecendo na cidade. Ouvem-se tiros nas colinas. Grupos de pessoas chegam de Dobrinja. Para tentar interromper alguma coisa — o quê, nem eles mesmos sabem. Digamos simplesmente que se sente que alguma coisa vai acontecer, já está acontecendo, uma terrível desgraça. Na televisão, veem-se pessoas na frente da Assembleia Nacional. No rádio toca permanentemente a música "Sarajevo, meu amor". Tudo isso é muito bonito, mas a todo momento sinto uma espécie de cãibra no estômago e não consigo mais me concentrar nos estudos.

Mimmy, estou com medo da GUERRA!

Zlata

Sábado, 2 de maio de 1992.

Dear Mimmy,

O dia de hoje em Sarajevo foi pior que os piores dias que já tivemos até agora. Os combates começaram mais ou menos ao meio-dia. Mamãe e eu fomos para o corredor, que é mais protegido. Naquele momento, papai estava em seu escritório, embaixo do nosso apartamento. Dissemos a ele pelo interfone que fosse depressa refugiar-se na entrada do prédio. Depois nós duas descemos para junto dele. Levando Cicko (o canário). Como o bombardeio estava aumentando cada vez mais, não deu para escalarmos o muro e ir à casa dos Bobar, e então fomos rapidinho para o nosso porão.

[...]

Quando os combates começaram a diminuir, papai foi até em casa subindo os degraus de quatro em quatro para trazer sanduíches. Ele nos disse que tinha sentido cheiro de queimado e que o telefone havia sido cortado. Desceu o televisor para o porão. Foi assim que ficamos sabendo que o correio central (que não é longe de nossa casa) estava em chamas e que o presidente havia sido sequestrado. Lá pelas 20h00, voltamos para casa. Na nossa rua não tinha sobrado praticamente nenhum vidro inteiro nas janelas, mas lá em casa eles não estavam quebrados. [...] Dear Mimmy, quando se vê o que está acontecendo aqui, imagina-se o que deve ser nos outros bairros da cidade. Ouvi pelo rádio que para os lados de Vječna estava uma loucura por causa dos incêndios. Estão com cacos de vidro até os joelhos. Estamos preocupados com vovô e vovó. Eles moram naquela região. Amanhã, se der pra sair, vamos lá. Um dia pavoroso. O dia mais negro, mais terrível dos onze anos que já vivi. Espero que não haja outros assim.

Papai e mamãe estão nervosíssimos. Tenho que ir me deitar. Tchau!

Zlata

O diário de Zlata: a vida de uma menina na guerra, de Zlata Filipović. São Paulo: Editora Seguinte, 2013.

Dobrinja: bairro de Sarajevo.
Pula: cidade da Croácia.

1 O texto que você leu são trechos de um diário. Em um diário:

○ escreve-se na 1ª pessoa (eu).

○ enviam-se mensagens aos amigos.

○ relatam-se acontecimentos do dia a dia.

○ registram-se lembretes e compromissos.

○ usa-se um estilo coloquial.

○ informa-se a data em que o texto foi escrito.

○ escreve-se para que outras pessoas leiam.

2 Os trechos do diário que você leu relatam diferentes momentos na vida de Zlata. Quais são eles? Registre-os no caderno.

3 Nos trechos que você leu, como Zlata se dirige ao diário?

....

4 Quantos anos tinha Zlata quando a guerra começou?

....

5 Em qual dos trechos Zlata se mostra receosa e com medo da guerra que estava por vir?

....

6 Como Zlata descreve o dia 2 de maio de 1992?

....

....

....

7 Leia mais um trecho do diário de Zlata.

Quinta-feira, 9 de setembro de 1993.
Dear Mimmy,
Hoje é aniversário de mamãe. Dei um enooorme beijo nela e lhe desejei um "Feliz aniversário, mamãe". Não tinha mais nada para lhe oferecer.
É o segundo aniversário de guerra de mamãe. O meu está chegando. Dezembro se aproxima. Será que vai ser um aniversário de guerra? Mais um?
Sua Zlata

O diário de Zlata: a vida de uma menina na guerra, de Zlata Filipović. São Paulo: Editora Seguinte, 2013.

a) Nesse trecho, Zlata relata que seu aniversário estava chegando, em dezembro. Quantos anos Zlata fez em 1993?

....

....

b) Por que Zlata diz que "não tinha mais nada para lhe oferecer"?

c) No trecho acima, Zlata escreve a palavra "**enooorme**" repetindo a letra **o**. Por que ela escreve dessa forma?

....

....

Saiba mais

Zlata Filipović nasceu em 3 de dezembro de 1980, em Sarajevo. Escreveu seu diário ao longo de dois anos, de setembro de 1991 a outubro de 1993. Originalmente publicado em servo-croata pelo Unicef, **O diário de Zlata** foi editado no mundo inteiro. Ela e seus pais receberam permissão para deixar Sarajevo pouco antes do Natal de 1993. Depois de viver temporariamente em Paris, Zlata mudou-se para a Irlanda. [...]

Zlata em 1994.

O diário de Zlata: a vida de uma menina na guerra, de Zlata Filipović. São Paulo: Editora Seguinte, 2013.

Encontro vocálico: vogais e semivogais

1 Releia este trecho do diário:

> "Quando os combates começaram a diminuir, papai foi até em casa subindo os degraus de quatro em quatro para trazer sanduíches."

a) Sublinhe as palavras que têm encontro vocálico. Depois copie-as nas linhas abaixo e separe as sílabas.

.... ◯

.... ◯

.... ◯

.... ◯

.... ◯

.... ◯

.... ◯

b) Agora classifique os encontros vocálicos, escrevendo, nos círculos, **D** (ditongo), **H** (hiato) ou **T** (tritongo).

2 Observe que na palavra **papai** a letra **i** do encontro vocálico **ai** é pronunciada com menos força do que a letra **a**. A letra **i** é uma **semivogal**. Veja:

papa**i** → **a** (vogal)   **i** (semivogal)

> **Semivogal** é o nome que se dá ao fonema produzido como vogal, mas pronunciado com menor intensidade (mais fraco). Isso acontece com as vogais **i** e **u**.
>
> As semivogais sempre acompanham uma vogal, com a qual formam sílaba.

Observe a seguir como as vogais e as semivogais podem aparecer juntas, formando encontros vocálicos.

Ditongo

É o encontro vocálico formado por:

a) semivogal + vogal em uma mesma sílaba.

Exemplo: q**ua**-tro →

b) vogal + semivogal em uma mesma sílaba.

Exemplo: pa-p**ai** →

Tritongo

É o encontro vocálico formado por semivogal + vogal + semivogal em uma mesma sílaba.

Exemplo: U-ru-g**uai** →

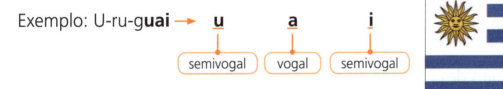

Hiato

É o encontro vocálico formado por vogal + vogal, que ficam em sílabas separadas.

Exemplo: san-d**u**-**í**-che →

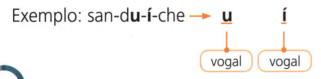

Fique por dentro!

As letras **i** e **u** podem representar fonemas diferentes. Algumas vezes não são vogais, pois aparecem apoiadas em uma vogal, formando com ela uma sílaba. Por exemplo: c**ai**-xa e á-g**ua**. Nesse caso, as letras **i** e **u** são **semivogais**.

pdesign/Shutterstock/Glow Images

Ilustrações: Ilustra Cartoon/Arquivo da editora

3 Verifique os encontros vocálicos das palavras da atividade 1 e complete o quadro. Veja o exemplo.

Palavra	Encontro vocálico	Vogal	Semivogal
papai	ai	a	i

4 Em cada par de palavras, pinte aquela em que as letras **i** ou **u** são semivogais.

a) | deslizou | saúde |

c) | carioca | adorei |

b) | pais | país |

d) | mau | baú |

○ Em quais das palavras acima a letra **u** representa vogal?

....

○ E em quais palavras a letra **i** representa vogal?

....

5 Agora complete as afirmações abaixo sobre as palavras da atividade 4.

a) Nas palavras **deslizou**, **pais**, **adorei** e **mau** há .... forma-

dos por .... + ... em uma mesma sílaba.

b) Nas palavras **saúde**, **país**, **carioca** e **baú** há .... formados

por .... + ..., posicionadas em sílabas diferentes.

Escrevendo certo

-izar, -isar

Leia as frases e pronuncie com atenção os verbos destacados.

> A mãe tentou **tranquilizar** a filha.
>
> Os professores foram **avisar** aos alunos que a escola ficaria fechada.

Você observou que o som da terminação dos verbos **tranquilizar** e **avisar** é igual, embora a grafia seja diferente?

Veja como usar **s** ou **z** na escrita de verbos terminados em **-izar** ou **-isar**.

Palavra primitiva	Palavra derivada
avi**s**o	avi**sar**
tranquilo	tranquil**izar**

Usamos **-isar** quando a palavra primitiva tem **s** em sua terminação, como em **aviso**.
Usamos **-izar** quando a palavra primitiva não apresentar **s** em sua terminação, como em **tranquilo**.

1 Complete os verbos com **-izar** ou **-isar**.

autor ....   fiscal ....   escrav ....

valor ....   improv ....   rev ....

2 Usando **-izar** ou **-isar**, forme verbos derivados dos substantivos e adjetivos abaixo.

pesquisa: ....   reprise: ....

hospital: ....   local: ....

análise: ....   cicatriz: ....

suave: ....   oficial: ....

organização: ....   sintonia: ....

Alberto: do sonho ao voo

Alberto Santos Dumont nasceu em 20 de julho de 1873 em Palmira, cidade mineira que hoje leva seu nome. Quando era criança, era mestre em empinar pipas e soltar balões. Adorava ler romances de Júlio Verne e ficava fascinado com as aventuras dos personagens desse escritor francês. O menino sonhava com o dia em que também o homem ganharia os céus. Desde então já manifestava grande interesse por qualquer tipo de máquina ou engenhoca mecânica.

De família abastada, Alberto contou com o apoio do pai — o engenheiro Henrique Dumont —, para estudar em Paris ainda muito jovem. Lá, dedicou-se à construção de uma série de balões e fez subir ao espaço o primeiro deles em 18 de setembro de 1898.

Em 12 de julho de 1901, Santos Dumont alçou voo com um de seus balões e conseguiu retornar ao ponto de partida, fato que teve grande repercussão. O aviador, satisfeito com os resultados obtidos na dirigibilidade de seus engenhos, apresentou-se para disputar o prêmio *Deutsch de la Meurthe*, em 19 de outubro do mesmo ano. Dessa vez usou um dirigível para circum-navegar a Torre Eiffel em trinta minutos. Pela façanha, recebeu um prêmio de 100 mil francos, que foi dividido entre os pobres de Paris e os mecânicos que haviam trabalhado com ele na construção de seus aparelhos voadores.

Ilustra Cartoon/Arquivo da editora

Em 1905, o aviador iniciou suas experiências com o chamado aeroplano. No ano seguinte, obteve grande êxito com o aparelho 14-Bis no Campo de Bagatelle. Nesse local, em 23 de outubro de 1906, uma máquina mais pesada que o ar voou pela primeira vez.

Depois desse pioneiro invento, Santos Dumont criou mais oito aeronaves. A mais famosa foi a Libélula, *Demoiselle* em francês, uma precursora do ultraleve.

Na década de 1910, um duro golpe atingiu o pai da aviação: aeronaves estavam sendo usadas em bombardeios durante a Primeira Guerra Mundial. Alguns anos depois, Alberto foi acometido de uma doença degenerativa. Em 1928, Santos Dumont voltou para o Brasil e instalou-se na casa que havia projetado em Petrópolis, região serrana do Rio de Janeiro.

Alberto Santos Dumont morreu em 23 de julho de 1932, aos 59 anos, no Guarujá, litoral paulista, profundamente decepcionado ao constatar que sua invenção, concebida para ajudar a humanidade, era utilizada para matar e destruir.

Disponível em:
<http://sites.aticascipione.com.br/ap/paradidaticos/santosdumont/index.html>.
Acesso em: 29 jan. 2013.

circum-: ao redor, em volta, perto de.
façanha: ação heroica, admirável.
repercussão: impacto, influência.

Por dentro do texto

1 O texto que você leu é uma **biografia**. Ele apresenta:

○ informações reais sobre a vida de uma pessoa.

○ informações inventadas sobre a vida de uma pessoa.

○ texto narrado em 3ª pessoa.

○ texto narrado em 1ª pessoa.

○ os fatos narrados na ordem em que aconteceram.

○ os fatos narrados por ordem de importância.

2 Ao ler uma biografia, o objetivo é:

○ informar-se sobre a atualidade.

○ conhecer a história da vida de alguém.

○ conhecer o significado de palavras desconhecidas.

3 De que Santos Dumont gostava de brincar quando era criança?

....

....

4 De qual autor francês Santos Dumont gostava de ler os romances?

....

○ Você já tinha ouvido falar sobre esse autor? Já leu algum livro dele ou conhece algum filme baseado em uma obra dele?

5 Releia este trecho do texto e assinale a alternativa que apresenta o significado da palavra destacada:

"De família **abastada**, Alberto contou com o apoio do pai."

○ Pobre, mísera.　　　○ Unida, companheira.　　　○ Rica, endinheirada.

Texto 4 – Alberto: do sonho ao voo

6 Santos Dumont imaginava que sua invenção seria usada para matar e destruir? Como ele se sentiu ao constatar isso?

....

....

....

....

7 Em sua opinião, a invenção de Santos Dumont também foi usada em benefício da humanidade? Explique.

....

....

....

Saiba mais

No final da avenida Santos Dumont, na Zona Norte da cidade de São Paulo, há uma praça circular que abriga uma homenagem àquele ilustre brasileiro, na forma de uma réplica, em tamanho natural, do avião 14-Bis. No pedestal da obra está ainda um busto de Santos Dumont.

Quando da inauguração do monumento, em 20 de julho de 1974, em comemoração ao centenário de nascimento do inventor, o local, que se chamava Praça dos Bandeirantes, recebeu o nome de Bagatelle, lembrando o campo em Paris onde, em 23 de outubro de 1906, o 14-Bis voou, cobrindo a distância de 60 metros a uma altura de três metros.

[...]

Feita em bronze, a réplica do 14-Bis mede 10 por 12 metros, pesa cerca de três toneladas e é obra dos artistas Oswaldo e Enivaldo Luppi, com a participação de Luís Morrone.

Réplica do 14-Bis, na praça Campo de Bagatelle, São Paulo (SP).

Assembleia Legislativa do Estado de São Paulo, 18 jul. 2008. Disponível em: <www.al.sp.gov.br/noticia/?id=267535>. Acesso em: 2 mar. 2015. (Texto adaptado).

Unidade 1

● Ditongo oral e nasal; ditongo crescente e decrescente

Releia este trecho do texto e observe os ditongos destacados:

"Alberto Santos Dumont nasc**eu** em 20 de julho de 1873 em Palmira, cidade min**ei**ra que hoje leva s**eu** nome. Q**ua**ndo era criança, era mestre em empinar pipas e soltar bal**õe**s."

O ditongo pode ser **oral** ou **nasal**, de acordo com o modo de pronunciá-los.

Nos **ditongos orais**, o som das vogais é emitido exclusivamente pela boca. Por exemplo: nasc**eu**, min**ei**ra, s**eu**, q**ua**ndo.

Nos **ditongos nasais**, o som das vogais passa também pelo nariz. Por exemplo: bal**õe**s.

O ditongo também pode ser **crescente** ou **decrescente**. Veja:

Ditongo crescente

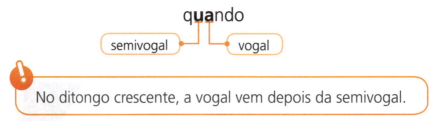

qu**a**ndo

semivogal → vogal

No ditongo crescente, a vogal vem depois da semivogal.

Ditongo decrescente

min**ei**ra

vogal → semivogal

No ditongo decrescente, a vogal vem antes da semivogal.

1 Leia o poema. Depois circule as palavras que apresentam ditongo.

Conversa de pescador

Fui pescar com meu tio
na maior animação.
Eu nunca havia pescado,
nem em barraca de São João.

Eu pesquei mais de mil bagres
bem num poço de areia.
Ganhei os maiores aplausos
de um bando de sereias.

Depois disso, peguei gosto,
meu nome ficou famoso.
Recebi desse meu tio
o troféu de mentiroso...

Chorinho de riacho e outros poemas para cantar, de Neusa Sorrenti.
São Paulo: Formato Editorial, 2009.

o Das palavras que você circulou no poema, copie:

a) as palavras com ditongo nasal;

....

b) as palavras monossílabas com ditongo oral decrescente;

....

c) as palavras trissílabas com ditongo oral decrescente.

....

2 Assinale a alternativa em que todas as palavras apresentam ditongo oral crescente.

◯ saída, queijo, quarto   ◯ água, história, mágoa

◯ Rui, Andreia, Laura   ◯ riacho, quadrado, coisa

Ilustra Cartoon/Arquivo da editora

Escrevendo certo

s e z finais

Releia este trecho do texto:

> "Nesse local, em 23 de outubro de 1906, uma máquina mais pesada que o ar voou pela primeira **vez**."

Observe que a letra **z**, na palavra **vez**, tem o mesmo som da letra **s**. Veja estas outras palavras:

fe**z** → mê**s**
capa**z** → gá**s**

1 Troque os números pelas letras correspondentes e forme palavras.

1	F		4	A		7	U		10	N		13	C		16	J
2	P		5	O		8	R		11	Q		14	D		17	S
3	I		6	Z		9	V		12	B		15	E		18	L

a) 1, 8, 4, 10, 13, 15, 17 ....

b) 16, 4, 2, 5, 10, 15, 17 ....

c) 4, 2, 8, 15, 10, 14, 3, 6 ....

d) 9, 15, 8, 10, 3, 6 ....

e) 13, 4, 2, 7, 6 ....

f) 12, 3, 17 ....

g) 11, 7, 3, 17 ....

h) 18, 7, 6 ....

Ilustrações: Ilustra Cartoon/ Arquivo da editora

Texto 4 – Alberto: do sonho ao voo

2 Que letra está faltando nas palavras da primeira coluna? Responda fazendo um **X** na coluna correspondente. Depois escreva a palavra completa na última coluna.

	s	z	Palavra completa
óculo	....	....	
carta	....	....	
timide	....	....	
lilá	....	....	
rapa	....	....	
fi	....	....	
gá	....	....	

Fique por dentro!

Na língua portuguesa, o mesmo som pode ser representado por letras diferentes. Escrever com atenção ajuda a fixar a grafia correta das palavras. Sempre que surgir alguma dúvida, consulte um dicionário.

3 Escreva a resposta das adivinhas. **Dica**: As palavras terminam com **s** ou **z**.

a) Período de 30 dias: ....

b) Jogo de tabuleiro: ....

c) Ave corredora que vive na África: ....

d) Pessoa que apita partidas de futebol: ....

e) Esporte em que se usa raquete e uma bola pequena: ....

f) Parte da roupa que cobre a cabeça: ....

g) Meio de transporte coletivo: ....

h) O antônimo de guerra: ....

Unidade 1

[...]

Isabel sempre gostou de ouvir as histórias que vovó Generosa contava. À noite, antes de dormir, ela ficava sabendo sobre reis e rainhas africanos. Mas o que mais a intrigava eram as histórias de quando seus parentes africanos vieram para o Brasil.

[...]

Isabel se lembrou de que numa noite de lua, em que estava sentada na esteira, em frente à casa do sítio, ficou sabendo que parentes seus tinham vivido numa fazenda de cana-de-açúcar, bem perto dali.

— Eles moravam na fazenda de um homem que tinha muita terra e escravos — disse Generosa.— Eles viveram boa parte da vida escravizados naquela fazenda.

— Nossa! — disse Isabel, intrigada. — Devia ser muito difícil viver desse jeito.

— Pois é, sua tataravó nasceu na África e veio para o Brasil jovem, ainda mocinha, como ela mesma gostava de dizer.

Dana, a tataravó de Isabel, às vezes falava uma língua estranha, que apenas a vó Generosa entendia. Ela dizia que era a língua de sua terra e que só assim podia se comunicar com seus antepassados. Era nessa língua que ela cantava também para os amigos e parentes que estavam na África. Antes de ser escravizada, Dana morava numa pequena cidade no interior da África, numa povoação que ficava à margem de um grande rio, chamado Níger.

Ilustra Cartoon/Arquivo da editora

Nas suas conversas animadas, vó Generosa dizia que Dana morava num lugar muito bonito, movimentado, com pescadores e mercadores que vendiam frutas, tecidos, ouro, cerâmica e animais. Antes de vir para o Brasil, Dana conheceu Licutan. Eles se viram pela primeira vez numa festa que celebrava a boa colheita do ano e foi então que começaram a namorar. Para avisar Dana de quando eles poderiam se encontrar, Licutan, distante, tocava tambor de um modo que só ela reconhecia. Quando eles se casaram, houve festa durante quase uma semana. Muitos parentes e pessoas das comunidades próximas foram comemorar.

Imaginem vocês que naquele tempo se vivia com muito medo nas aldeias e cidades, porque existia o risco de homens armados prenderem pessoas e as levarem para o outro lado do mar, para trabalharem como escravos. Naquela época se falava na África que o outro lado do mar era chamado de América e era tão longe que não dava mais para voltar e rever parentes e amigos. E isso aconteceu com Dana e Licutan! Meses após terem se casado, a aldeia onde eles viviam foi invadida por homens armados, que capturaram homens, mulheres e crianças.

Dana e Licutan foram acorrentados e obrigados a andar noites inteiras pelo mato, até chegar à beira do mar. Depois foram colocados dentro de um navio. Era um navio negreiro, ou tumbeiro. Lá, com pouca luz e pouca comida, eles ficaram no porão. Homens e mulheres em lugares separados. Num canto escuro, Dana conseguia ver o rosto assustado do seu marido. Havia muito choro de crianças, mulheres e homens. Era difícil dormir por causa do calor e da sujeira, que aumentava a cada dia de viagem. [...]

Ilustra Cartoon/Arquivo da editora

Vovó Generosa contou que, depois de muitos dias, finalmente o navio atracou no porto de uma cidade com muitas torres de igrejas e muitos sobrados em cima e embaixo da montanha verde. Soube mais tarde que era Salvador. Naquele porto, o navio desembarcou muitas pessoas, incluindo Dana. Mas Licutan não desembarcou; o navio seguiu para outra cidade, o Rio de Janeiro, que era um dos grandes portos de importação de africanos escravizados. Ela chorou bastante quando perdeu de vista o amor de sua vida.

Do porto, Dana e os demais foram levados para o porão de um grande sobrado da cidade. Olhando da pequena janela que se abria ao nível do chão, era possível ver o movimento de pessoas na rua. Ela percebeu que as ruas da cidade estavam repletas de pessoas negras e, pelo jeito de andar, falar e se vestir, notou que muitas delas vinham da mesma região em que ela tinha vivido na África. Dias depois chegou um homem que levou ela e mais cinco africanos para uma fazenda de cana-de-açúcar. Lá, eles ficaram por dias aprendendo a falar algumas palavras e a trabalhar na lavoura. Soube que, a partir de então, eram escravizados e deveriam trabalhar para os seus senhores.

[...]

Ilustra Cartoon/Arquivo da editora

O que há de África em nós, de Wlamyra Albuquerque e Walter Fraga. São Paulo: Moderna, 2013.

Reprodução/Editora Moderna

Saiba mais

Em 1850, o governo brasileiro extinguiu em definitivo o tráfico de escravos africanos. A escravidão, no entanto, persistiria até 1888, quando foi abolida sob pressão dos escravos e do movimento abolicionista.

Calcula-se que, nos seus mais de trezentos anos, o tráfico deportou para o Brasil cerca de 4 milhões de africanos. Esse número não inclui os milhares que morreram na África ou na travessia atlântica.

O que há de África em nós, de Wlamyra Albuquerque e Walter Fraga. São Paulo: Moderna, 2013.

Por dentro do texto

1. O texto que você leu é uma narrativa histórica. Ele conta fatos reais ou imaginários? Explique.

_____

_____

_____

2. Que fato histórico é abordado no texto?

_____

3. Releia o segundo parágrafo do texto e observe a expressão "se lembrou".
   o O narrador é personagem ou observador? Por quê?

_____

_____

4. De acordo com o texto responda às questões abaixo.

   a) Quem ouvia as histórias?

_____

   b) E quem as contava?

_____

5. Qual é o parentesco entre Isabel e Dana?

_____

6. De acordo com o texto, as pessoas viviam com medo de serem capturadas e levadas para "o outro lado do mar".
   o Que lugar era "o outro lado do mar"?

_____

7 Para quais cidades brasileiras Dana e Licutan foram levados?

....

....

8 Trace, no mapa abaixo, a rota do tráfico de africanos para o Brasil. Pinte de vermelho o lugar de origem dos africanos e, de amarelo, o de destino.

Mapa-Múndi

Trópico de Câncer

OCEANO ATLÂNTICO

OCEANO PACÍFICO

Equador

OCEANO PACÍFICO

OCEANO ÍNDICO

Trópico de Capricórnio

Meridiano de Greenwich

N
O   L
S

0   720   1 440
km

Fonte: **Atlas geográfico escolar**. 6. ed. Rio de Janeiro: IBGE, 2012.

9 No segundo parágrafo, Isabel lembrou-se de como ficou sabendo que seus parentes tinham vivido numa fazenda de cana-de-açúcar, bem perto dali. Releia o penúltimo parágrafo e responda:

○ Em que cidade brasileira ficava a fazenda?

....

10 De acordo com o texto, descreva como era um navio negreiro.

....

....

....

....

Observe a imagem abaixo. Qual é a relação dela com o assunto tratado no texto que você acabou de ler?

Reprodução/Fundação Biblioteca Nacional, Rio de Janeiro, RJ.

❋ **Negros no fundo do porão**, litografia colorida à mão, de Johann Moritz Rugendas, 1835.

Essa obra foi feita pelo pintor e desenhista alemão Johann Moritz Rugendas.

Rugendas esteve duas vezes no Brasil, em 1821, durante uma expedição e, mais tarde, em 1845. Ele retratou cenas do cotidiano, paisagens, a flora e a fauna, a população e os costumes da época. Sua obra, **Viagem pitoresca através do Brasil**, publicada em 1835 na França, contém os desenhos e anotações feitos durante sua viagem ao Brasil.

O francês Jean-Baptiste Debret, que viveu aqui por 15 anos, também retratou tipos humanos, paisagens e costumes do Brasil. O livro **Viagem pitoresca e histórica ao Brasil**, de Debret, organizado em três volumes, foi publicado entre 1834 e 1839, e reúne suas aquarelas, estudos e observações.

Reprodução/Instituto Ricardo Brennand, Recife, PE.

❋ **Mercado de escravos**, óleo sobre tela, de Jean-Baptiste Debret, s.d.

Aprendendo gramática

● Monossílabo átono e monossílabo tônico

Leia este trecho do texto e observe as palavras destacadas:

> "**Lá**, **com** pouca **luz e** pouca comida, eles ficaram **no** porão."

As palavras destacadas têm uma sílaba, por isso são chamadas de **monossílabas**.

O monossílabo pode ser **átono** ou **tônico**.

O **monossílabo átono** é pronunciado com pouca intensidade e só tem significado na frase: **com**, **e**, **no**, por exemplo.

Ilustrações: Ilustra Cartooni/Arquivo da editora

"Isabel sempre gostou **de** ouvir **as** histórias **que** vovó Generosa contava."

monossílabos átonos

O **monossílabo tônico** é pronunciado com mais intensidade, isto é, com mais força. Tem significado próprio, mesmo fora de frases: **lá** e **luz**, por exemplo.

Vó Generosa contava muitas histórias de **reis** e rainhas africanos.

monossílabos tônicos

Texto 5 – Da África para o Brasil: a travessia do Atlântico

1 Circule o monossílabo tônico da frase a seguir.

As pessoas eram levadas para o outro lado do mar.

o Nessa mesma frase há também três monossílabos átonos. Quais são eles?

....

2 Complete o texto com os monossílabos do quadro.

que   a   não   de   vó   no   os

.... amigos .... Isabel .... conheciam .... história

.... Generosa contou .... sítio.

o Escreva esses monossílabos de acordo com as indicações.

monossílabos átonos ⟶ ....

monossílabos tônicos ⟶ ....

Fique por dentro! ──
Acentuamos os monossílabos tônicos terminados em **a(as)**, **e(es)**, **o(os)**.

3 Assinale a alternativa em que todos os monossílabos tônicos devem ser acentuados.

◯ paz, tu, vez, voz

◯ gas, bis, nus, um

◯ ca, po, tres, la, mes

◯ com, na, fe, ja

o Agora copie de todas as alternativas os monossílabos tônicos, acentuando-os.

....

....

Escrevendo certo

● **atrás, traz**

Leia a frase e observe a palavra destacada.

> Isabel soube que muito tempo **atrás** seus parentes tinham vivido bem perto dali.

Nessa frase, a palavra **atrás** tem o sentido de:

○ lugar; na parte posterior.

○ após, depois, a seguir.

○ no passado, em época passada.

1 Usando a palavra **atrás**, escreva uma frase que descreva o que está acontecendo em cada imagem.

....

....

● Agora escreva nos círculos o número da imagem que corresponde ao sentido da palavra **atrás**.

○ Lugar; na parte posterior.   ○ Após, depois, a seguir.

Leia esta frase e observe a palavra destacada:

O feirante **traz** frutas fresquinhas todos os dias.

Traz é uma forma do verbo **trazer**.

Ilustra Cartoon/
Arquivo da editora

2 Complete as frases corretamente usando **atrás** ou **traz**.

a) Ele se escondeu .... da porta.

b) O professor .... boas notícias aos alunos.

c) Vovó sempre .... chocolate para mim.

d) Os atendentes estão .... do balcão.

e) Vou .... de pistas para desvendar o mistério.

f) Meu pai sempre .... flores para minha mãe.

g) Eu não estava na frente da escola, e sim .... dela.

3 Reescreva as frases substituindo as palavras destacadas pelo seu antônimo.

a) Ele esperava a mãe **na frente** da escola.

....

....

b) A menina **leva** flores.

....

....

c) O brinquedo estava **na frente** da porta.

....

....

d) O carteiro **leva** as cartas.

....

....

Unidade 1

O tema é...

Dia da Consciência Negra

20
de novembro

Dia da Consciência Negra

Criado em homenagem a Zumbi dos Palmares, a data é dedicada à reflexão sobre a história do negro no Brasil e à luta contra o racismo.

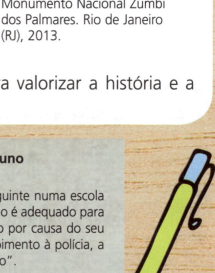

Adilson B. Liporage/Opção Brasil Imagens

Monumento Nacional Zumbi dos Palmares. Rio de Janeiro (RJ), 2013.

- Você sabe quem foi Zumbi dos Palmares? Qual é a importância dele para a história brasileira?

- Você conhece outras iniciativas promovidas para valorizar a história e a cultura africana e afro-brasileira?

Penteado *black power* impede rematrícula de aluno em escola de Guarulhos (SP)

A mãe de Lucas foi impedida de fazer a sua matrícula para o ano seguinte numa escola de Guarulhos, em São Paulo. O motivo, segundo ela, é que o corte "não é adequado para a instituição de ensino". A diretora teria chamado a atenção do aluno por causa do seu cabelo, estilo *black power*, e sugerido que ele fosse cortado. Em depoimento à polícia, a diretora teria dito que o cabelo do menino seria "muito grande e crespo".

Folha de S.Paulo. Disponível em: <www1.folha.uol.com.br/cotidiano/2013/12/1381174-penteado-black-power-impede-aluno-de-fazer-rematricula-em-escola-de-guarulhos-sp.shtml>. Acesso em: 29 jan. 2015. (Texto adaptado).

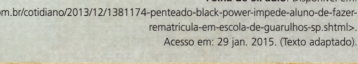

- Você sofreu ou conhece alguém que tenha sofrido algum tipo de discriminação por causa da aparência física? Como lidou com a situação?

- A discriminação sofrida pelo menino da notícia pode ser considerada um ato de racismo?

Ilustra Cartoon/ Arquivo da editora

A Lei n. 7716, criada em 1989 e conhecida como Lei Caó, determina a pena de prisão a quem cometer atos de discriminação ou preconceito de raça, cor, etnia, religião ou procedência nacional.

Pode ser punido quem, por exemplo, impedir o acesso a serviços e estabelecimentos comerciais e negar ou impedir a matrícula em instituições de ensino público ou privado.

○ Qual é a importância dessa lei?

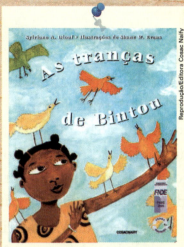

Reprodução/Editora Cosac Naify

Reprodução/Editora Melhoramentos

Reprodução/Companhia das Letrinhas

Reprodução/Editora Ática

○ Você já leu algum livro com personagens negros ou pardos? Como eles eram representados?

○ Nos programas de televisão, por exemplo, você acha que existe a mesma quantidade de atores negros e brancos? Por que você acha que isso acontece?

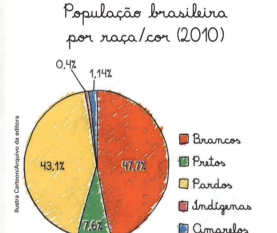

População brasileira por raça/cor (2010)

0,4%   1,14%

43,1%   47,7%

7,6%

■ Brancos
■ Pretos
□ Pardos
■ Indígenas
■ Amarelos

Ilustra Cartoon/Arquivo da editora

Fonte: **IBGE.** Censo 2010.

Os balões

[...]

Aos domingos, folga do meu pai, pegávamos o bonde para visitar a tia Olímpia, irmã e confidente de minha mãe, em Santana. A tia morava com o marido e dois filhos numa chácara cercada de ciprestes, na rua Voluntários da Pátria, quase em frente à Caixa-d'Água, perto da Padaria Morávia. Naquela região, havia muitas dessas chácaras; produziam hortaliças que eram transportadas de carroça para as quitandas ou anunciadas aos gritos de porta em porta.

No começo da Voluntários da Pátria acabava o calçamento. Ali, junto à Padaria Polar, onde hoje há uma agência bancária, existia um bebedouro redondo, de ferro, com água para os cavalos que chegavam à cidade pela Zona Norte, depois de descerem a serra da Cantareira. Hoje, quem vê o bairro de Santana com a Caixa-d'Água custa a acreditar que menos de cinquenta anos atrás existiam chácaras ali.

Nessas reuniões familiares, eu encontrava meus primos queridos: dois filhos dessa tia e três do tio José, irmão mais velho da minha mãe. Sujos de terra, em bando pelos quatro cantos da chácara, trepávamos nas árvores, dávamos comida para os patos no laguinho, cortávamos capim-gordura para o Gualicho, o cavalo que puxava a charrete do meu tio, e jogávamos bola em gol de verdade, com trave de bambu do taquaral.

Quando chegava a hora de ir embora, meus primos e eu chantageávamos minha mãe, para que ela me deixasse ficar lá até o domingo seguinte. Insistíamos tanto que às vezes eu acabava conseguindo. Era o máximo da felicidade!

Ilustra Cartoon/Arquivo da editora

Hoje os balões são proibidos porque provocam incêndios pavorosos, mas naquele tempo o céu de junho ficava salpicado com as luzes deles. Na chácara, caíam sem parar — e, na nossa imaginação infantil, achávamos que eram atraídos pelo para-raios da Caixa-d'Água. Nessas ocasiões, a primeira providência era correr para soltar a Luca, uma pastora-alemã de latido grosso que barrava a molecada do bairro do lado de lá da cerca, enquanto um de nós agarrava o balão pela boca e apagava a tocha. Eram tantos os balões que fazíamos rodízio entre os primos para pegá-los. Não conheci alegria maior: pegar nas mãos um presente iluminado que caiu do céu.

Fui tão fanático por balão que uma vez, depois de uma chuva forte, saí correndo atrás de um, sem calçar o sapato para não perder tempo. O balão caiu na rua Caetano Pinto, um dos redutos mais italianos do Brás, mas cheguei atrasado. Então voltei com o Arlindo, meu vizinho, e ia andando pela enxurrada que corria no meio-fio quando ele reparou:

— Engraçado, quando você pisa com o pé esquerdo a água fica vermelha...

Um caco de vidro tinha feito um corte fundo na planta do meu pé, sem eu sentir. Tudo por causa da correria com os olhos fixos no céu.

Nas ruas do Brás, de Drauzio Varella. São Paulo: Companhia das Letrinhas, 2012.

ciprestes: árvores e arbustos muito cultivados como ornamentais.

Reprodução/Companhia das Letrinhas

Drauzio Varella nasceu em São Paulo, em 1943. É médico, professor, pesquisador e autor de 12 livros, entre tantas outras atividades que ele realiza.

Drauzio passou sua infância no bairro do Brás, em São Paulo, que recebeu muitos imigrantes no começo do século XX. De lá vieram todas as histórias que ele reuniu no livro de memórias **Nas ruas do Brás**.

Gabo Morales/Folhapress

Por dentro do texto

1 Quem escreveu o conto que você acabou de ler?

....

2 O conto relata fatos do passado ou da vida presente do autor?

....

3 Em que bairros da cidade de São Paulo aconteceu a história que você leu?

....

4 Em um texto, o narrador pode assumir duas posições:
- a de observador dos acontecimentos; ou
- a de personagem que participa da história.

a) No conto **Os balões**, Drauzio Varella é:

◯ narrador-observador.   ◯ narrador-personagem.

b) Você pôde perceber isso porque o texto é escrito em:

◯ 1ª pessoa.   ◯ 3ª pessoa.

5 O que Drauzio relata que a família costumava fazer no dia da folga de seu pai?

....

....

6 Releia o quarto parágrafo do texto e explique, com suas palavras, o que era, para o autor, o "máximo da felicidade".

....

....

....

7 Releia o trecho a seguir e explique o significado da palavra destacada. Se precisar, pesquise-a no dicionário.

> "Quando chegava a hora de ir embora, meus primos e eu **chantageávamos** minha mãe, para que ela me deixasse ficar lá até o domingo seguinte."

....

....

....

....

....

8 Drauzio conta que era **fanático** por balões.

a) Você sabe o que é ser **fanático** por algo? Explique com suas palavras.

....

....

b) Você é fanático por alguma coisa? O quê?

9 Por que hoje os balões são proibidos?

....

10 Assinale a alternativa que apresenta o significado que melhor se aplica à palavra **salpicado** neste trecho:

> "Hoje os balões são proibidos porque provocam incêndios pavorosos, mas naquele tempo o céu de junho ficava **salpicado** com as luzes deles."

◯ Polvilhado de sal.   ◯ Marcado de pontos coloridos.

11 A que fato Drauzio se refere quando diz, no final do relato, "Tudo por causa da correria com os olhos fixos no céu"?

....

....

....

Aprendendo gramática

● Sinais gráficos

Para escrever um texto, além das letras do alfabeto e dos sinais de pontuação, também usamos outros sinais gráficos: os **acentos**.

Veja estas palavras:

água   máximo   três   incêndio

acento agudo   acento circunflexo

> O **acento agudo** é usado sobre as vogais para indicar tonicidade. Sobre as vogais **e** e **o** indica som **aberto**.
> O **acento circunflexo** é usado sobre as vogais **a**, **e** ou **o** para destacar a vogal tônica. Indica som **fechado**.

Fique por dentro!

A sílaba pronunciada com mais força chama-se **sílaba tônica**. As sílabas mais fracas são denominadas **sílabas átonas**.

Veja a classificação das palavras quanto à posição da sílaba tônica.

Palavra	Posição da sílaba tônica	Classificação
bam**bu**	última	oxítona
ca**va**lo	penúltima	paroxítona
chácara	antepenúltima	proparoxítona

As sílabas tônicas podem ou não receber acento gráfico. As palavras **bambu** e **cavalo** não são acentuadas graficamente. Na palavra **chácara**, a sílaba tônica recebe acento agudo (´).

Para usar corretamente o acento gráfico, é preciso conhecer algumas regras básicas.

1 Observe as palavras e complete as afirmações.

a) bab**á**/bab**ás**, caf**é**/caf**és**, vov**ô**/vov**ôs**, armaz**ém**/armaz**éns**

o Acentuamos graficamente as palavras oxítonas terminadas em

........................., ..., ..., ...

b) açú**car**, jú**ri**, ági**l**

- Acentuamos graficamente todas as palavras .... que terminam em **i/is**, **us**, **um/uns**, **l**, **n**, **r**, **x**, **ps**, **ã/ãs**, **ão/ãos**.

c) lír**io**, ág**ua**, pôn**eis**

- Acentuamos as palavras .... que terminam em ditongo oral crescente ou decrescente, seguido ou não de **s**.

d) **á**libi, l**âm**pada, **má**gico

- Acentuamos todas as palavras ....

2 Circule neste trecho as palavras que têm acento gráfico e explique por que elas são acentuadas:

"No começo da Voluntários da Pátria acabava o calçamento."

....

....

3 Explique por que as palavras abaixo são acentuadas graficamente.

sábio: ....

jacaré: ....

história: ....

cipó: ....

tênis: ....

4 Acentue as palavras a seguir e justifique seu acento gráfico.

virus: ....

principe: ....

ciencia: ....

album: ....

atras: ....

Escrevendo certo

● **ce, ci, ç**

1 Leia mais um trecho do livro **Nas ruas do Brás**.

> Meu pai deixava ordem para nos recolhermos às sete. Minha irmã e eu fazíamos as lições depois do jantar e deitávamos cedo. A rotina só era quebrada nas noites quentes, quando os homens puxavam as cadeiras para a calçada e se sentavam a cavalo nelas, de camiseta sem manga, com as pernas abertas e os braços cruzados sobre o espaldar. Passavam horas conversando, com a criançada em volta brincando de amarelinha, esconde-esconde, pular sela e mãe da rua. [...]
>
> **Nas ruas do Brás**, de Drauzio Varella. São Paulo: Companhia das Letrinhas, 2012.

a) Copie as palavras do texto que apresentam a letra **c**.

....

....

....

b) Agora organize essas palavras de acordo com o som que a letra **c** apresenta.

○ **c** com som de **s**: ....

....

....

○ **c** com som de **qu**: ....

....

....

....

2 Leia as seguintes palavras em voz alta:

poluição   centímetro   cidadania   açougue   açude

o Agora complete as frases abaixo.

a) Em todas as palavras do quadro a consoante **c** tem som de ....

b) Antes das vogais .... e .... não se usa cedilha.

c) A consoante **c** com cedilha (**ç**) tem som de **s** e é usada antes das vogais ...., ..., ...

3 Complete as palavras com a letra que está faltando.

dança ⟶ dan................arina ⟶ dan................ei

avanço ⟶ avan................ado ⟶ avan................ei

disfarçar ⟶ disfar................ado ⟶ disfar................e

adoçar ⟶ ado................ado ⟶ ado................icado

o Explique o emprego de **ç** ou **c** nas palavras acima.

....

....

4 Complete a cruzadinha com as respostas das adivinhas. Dica: As palavras são escritas com **ce**, **ci** ou **ç**.

1. Raiz de cor alaranjada usada na alimentação.
2. Fruto do açaizeiro.
3. Parte da cama onde se deita a cabeça.
4. O mais novo dos filhos ou irmãos.
5. Suave ao tato, mole.
6. Doce feito de amendoim.

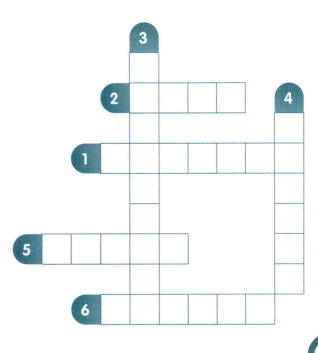

Parece que todas as crianças gostam de ovos — ovos quentes, ovos duros, ovos estrelados, ovos *pochés*, ovos mexidos —, sem esquecer os ovos de Páscoa, naturalmente. E os meus filhos não eram exceção. Tenho muitas histórias de ovos para contar, mas vou contar aqui só dois pequenos casos.

O primeiro foi quando Ricardo tinha pouco mais de 3 anos. Eu estava na cozinha, procurando não me lembro o quê, com ele ao meu lado (não era nada com o fogão, eu nunca mexia com fogão com a criança presente, claro). Mas o que eu quero contar é que havia na cozinha um porta-legumes com uma cestinha de ovos, na prateleira mais baixa, bem ao alcance da mão do Ricardinho. E o filhote, num momento de distração minha, pegou um ovo, o qual, ao ser manuseado, lhe escapou das mãos e se estatelou no chão, espalhando gema e clara em colorida pocinha nas lajotas vermelhas do soalho.

O susto que o estalo dessa "explosão" causou no garotinho foi logo substituído por intensa curiosidade. Ricardinho olhou para mim, e vendo que eu não só não parecia zangada, mas pelo contrário, estava rindo, ficou animado e imediatamente pegou outro ovo. E desta vez não foi por acidente, e sim de propósito mesmo, que ele o atirou ao chão, com evidente prazer. E foi com a maior alegria que ele agarrou e tacou no chão o terceiro ovo, antes que eu pudesse interferir. Coisa que não deixei de fazer, frustrando a quarta tentativa: agora chega! E tirei a cesta de ovos do alcance desse miniespecialista em explosão de "bombas" de ovos.

Fiquei com pena do beicinho desapontado do meu primogênito, mas diante da "gravidade" da situação me consolei com o sábio preceito de que "é preciso impor limites"...

Ilustra Cartoon/Arquivo da editora

O outro caso aconteceu com meu segundo filho, André, também quando ele tinha uns 4 aninhos. Ele estava sentado na sua cadeira alta, e eu lhe servia na boquinha o almoço, que incluía um ovo estrelado — um por semana. Andrezinho comia com bom apetite, sem necessidade de incentivos do tipo "lá vai o aviãozinho", quando parou de repente e, com um suspiro, declarou para meu grande espanto, em ==alto e bom som==:

— Eu gostaria de ser órfão!

— André! O que foi que você disse? Você sabe o que é "ser órfão"?

— Sei. Quer dizer quem não tem mãe — retrucou o André de pronto.

— E você gostaria de ser órfão? De não ter mãe?! — gaguejei, alarmada. — Por quê?!

E o Andrezinho ==atalhou==, sem ==titubear==:

— Se eu fosse órfão, poderia comer seis ovos estrelados duma vez!

Lamento dizer que ele tinha razão: seis ovos estrelados de uma só vez, "só por cima do meu cadáver"!

[...]

17 é tov!, de Tatiana Belinky. São Paulo: Companhia das Letrinhas, 2009.

alto e bom som: em voz alta, bem claro, sem temer consequências.
atalhou: disse, interrompendo.
titubear: hesitar, vacilar.

Tatiana Belinky nasceu em São Petersburgo, na Rússia (1919-2013). Veio para o Brasil com sua família quando tinha 10 anos, fugindo da guerra que atingia seu país.

Foi uma das mais importantes escritoras de literatura infantojuvenil do Brasil. Escreveu mais de 270 livros e ganhou diversos prêmios.

Em 1948, começou a fazer adaptações, criações e traduções de peças infantis com seu marido. Depois disso, eles criaram um programa infantil e fizeram a primeira adaptação para a televisão do Sítio do Pica-Pau-Amarelo, de Monteiro Lobato.

Em 1987, lançou seu primeiro livro, **Limeriques**.

Por dentro do texto

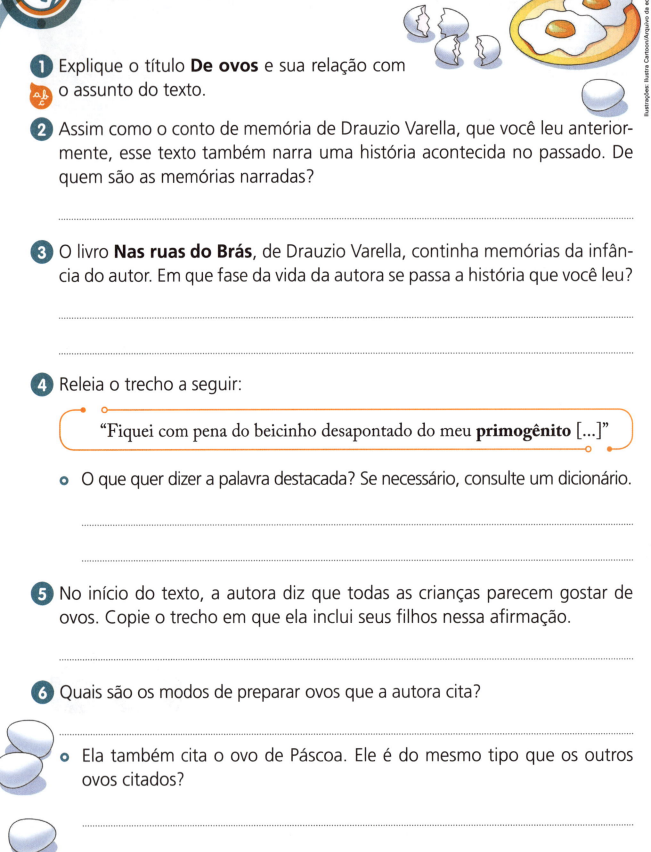

1 Explique o título **De ovos** e sua relação com o assunto do texto.

2 Assim como o conto de memória de Drauzio Varella, que você leu anteriormente, esse texto também narra uma história acontecida no passado. De quem são as memórias narradas?

....

3 O livro **Nas ruas do Brás**, de Drauzio Varella, continha memórias da infância do autor. Em que fase da vida da autora se passa a história que você leu?

....

....

4 Releia o trecho a seguir:

> "Fiquei com pena do beicinho desapontado do meu **primogênito** [...]"

○ O que quer dizer a palavra destacada? Se necessário, consulte um dicionário.

....

....

5 No início do texto, a autora diz que todas as crianças parecem gostar de ovos. Copie o trecho em que ela inclui seus filhos nessa afirmação.

....

6 Quais são os modos de preparar ovos que a autora cita?

....

○ Ela também cita o ovo de Páscoa. Ele é do mesmo tipo que os outros ovos citados?

....

....

Ilustrações: Ilustra Cartoon/Arquivo da editora

7 Assinale **V** para as afirmações verdadeiras e **F** para as falsas.

◯ Ricardo jogou o primeiro ovo no chão de propósito.

◯ André, o primogênito, queria poder comer seis ovos de uma vez.

◯ Ricardo jogou um ovo no chão sem querer e dois de propósito.

◯ O segundo filho não sabia o que significava ser órfão.

◯ Se a mãe tivesse permitido, Ricardo teria quebrado mais ovos.

8 O que Tatiana fez para impedir o filho de quebrar mais ovos?

....

9 Por que a autora considerou grave o fato de seu filho estar quebrando ovos?

....

10 Tatiana diz que se consolou com o preceito de que "é preciso impor limi-tes". A mãe impôs limite ao filho quando:

◯ permitiu que ele quebrasse dois ovos.

◯ não permitiu que ele quebrasse o quarto ovo.

11 Releia este trecho:

> "Lamento dizer que ele tinha razão: seis ovos estrelados de uma só vez, 'só por cima do meu cadáver'!"

a) Você já conhecia a expressão "só por cima do meu cadáver"? Explique o que ela significa.

....

....

....

b) Em sua opinião, por que a autora diz que seu filho André só comeria seis ovos estrelados de uma vez "só por cima do cadáver" dela?

....

....

Aprendendo gramática

● Homônimo e parônimo

Leia este trecho do texto:

"O outro caso aconteceu com meu **segundo** filho [...]."

Agora leia os verbetes a seguir:

segundo
■ **numeral**
Que ou o que ocupa, numa sequência, a posição do número dois.
Ex.: Está escrito no **segundo** parágrafo.

Carlos é o **segundo** da fila.

segundo
■ **conjunção**
Indica conformidade; como, conforme.
Ex.: **Segundo** a meteorologia, choverá no fim de semana.

Ilustrações: Ilustra Cartoon/Arquivo da editora

Segundo o guia, o museu fica depois da praça.

Dicionário eletrônico Houaiss da língua portuguesa. Versão 2009.3. Rio de Janeiro: Objetiva, 2009. (Texto adaptado).

○ Qual desses significados corresponde à palavra **segundo** no trecho do texto acima?

....

As palavras **segundo** (numeral) e **segundo** (conjunção), citadas nos exemplos acima, são **homônimas**.

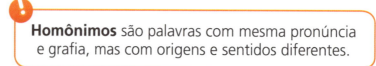

Homônimos são palavras com mesma pronúncia e grafia, mas com origens e sentidos diferentes.

Veja mais um exemplo de palavras homônimas.

Marisa tomou sorvete de **manga**.

fruta

A blusa de João é de **manga** longa.

parte da roupa

Agora leia as frases a seguir contendo palavras **parônimas**.

Lucas moveu o **peão** para a frente.

peça do jogo de xadrez

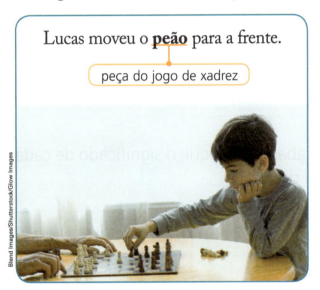

O menino brincou com o **pião**.

brinquedo

Há também palavras que apresentam semelhanças quanto à escrita, embora não possuam nada de semelhante quanto à significação. São os **parônimos**.

1 Complete as frases com o homônimo de cada palavra destacada.

a) Não comprei **nada**.   Mari .... muito bem.

b) Chupei duas **mangas**.   Meu vestido não tem ....

c) A **pia** está molhada.   O pintinho ....

d) A caixa está **leve**.   Por favor, ... a minha mala.

Unidade 1

2 Escreva uma frase usando o nome **Lia** e seu homônimo.

....

....

3 Escreva frases usando os homônimos abaixo. Depois, leia-as para a classe.

a) manga (fruto): ....

....

manga (de camisa): ....

....

b) nada (pronome indefinido): ....

....

nada (verbo **nadar**): ....

....

4 Leia as duplas de palavras parônimas abaixo e indique o significado de cada uma delas. Para facilitar, consulte um dicionário.

cumprimento: ....

comprimento: ....

cavaleiro: ....

cavalheiro: ....

○ Agora complete as frases com as palavras acima.

a) A quadra de esportes da escola tem 10 metros de .... por 8 metros de largura.

b) Sempre que entro na escola .... todos os funcionários com um bom-dia.

c) O .... montou em seu cavalo e galopou até anoitecer.

d) O .... cedeu o seu lugar no ônibus para um senhor idoso.

Escrevendo certo

sc, sç, xc

Leia este trecho do texto, observando a palavra destacada:

"E os meus filhos não eram **exceção**."

O grupo **xc**, na palavra **exceção**, representa um único som.
Observe as palavras dos quadros.

sc	sç	xc
pi**sc**ina	cre**sç**a	e**xc**elente
na**sc**er	flore**sç**a	e**xc**eção
na**sc**imento	na**sç**a	e**xc**eto
adole**sc**ente	cre**sç**o	e**xc**esso

Os grupos **sc**, **sç** e **xc** representam um único som. São **dígrafos**.

1 Separe as sílabas das palavras abaixo. Dica: Na divisão silábica, as letras dos dígrafos **sc**, **sç** e **xc** ficam em sílabas diferentes.

nasceu .... ascender ....

descida .... fascinação ....

consciente .... fascículo ....

2 Complete as frases com as palavras do quadro.

excepcional   exceção   adolescência   ascensorista   desça

a) Todos compareceram à reunião, com .... de dona Ana.

b) O .... saiu do elevador.

c) Li uma história ....

d) Não .... as escadas correndo!

e) A .... é uma fase da vida do ser humano.

De olho no dicionário

Fotos: Elena Schweitzer/Shutterstock/Glow Images

Como você viu, algumas palavras têm a mesma pronúncia e grafia, mas suas origens e seus sentidos são diferentes. Elas são os homônimos.

Agora você vai estudar palavras que têm mais de um significado.

Leia este trecho do texto **De ovos** e, em seguida, leia o verbete:

"Parece que todas as crianças gostam de ovos — ovos quentes, ovos duros, ovos **estrelados**, ovos *pochés*, ovos mexidos."

estrelado

■ **adjetivo**

1 coberto de estrelas; em que se veem estrelas; estelante
   Ex.: *noite estrelada*

2 Derivação: por extensão de sentido.
   ornamentado, enfeitado

3 que apresenta uma mancha branca na testa (diz-se de cavalo ou boi)

4 frito até corar (diz-se de alimento)
   Ex.: *peito de frango estrelado*

5 frito com a clara e a gema juntas e inteiriças (diz-se de ovo); estalado

6 Rubrica: cinema, teatro, televisão. Regionalismo: Brasil.
   em que trabalham astros e/ou estrelas (diz-se de filme, peça, etc.); protagonizado
   Ex.: *filme estrelado por atores consagrados*

Dicionário eletrônico Houaiss da língua portuguesa.
Versão 2009.3. Rio de Janeiro: Objetiva, 2009. (Texto adaptado).

A palavra **estrelado** possui vários significados.

Para que você compreenda o significado dessa palavra no texto que leu, é preciso identificar no verbete qual dos significados é o mais adequado ao texto.

○ Qual dos significados da palavra **estrelado** se aplica ao trecho do texto acima?

1 Leia os significados do verbete a seguir:

> **marca** *s. fem. **mar**-ca*. **1.** Sinal material que distingue uma coisa ou uma pessoa. Ex.: *Carlos fez uma marca na sua mochila para não perdê-la. Lauro tem uma marca no braço desde que nasceu.* **2.** Traço natural que se faz na areia, na terra. Ex.: *Podem-se ver claramente as marcas dos pés de uma criança na areia.* **3.** Sinal produzido por batida, choque, corte, ferida ou por qualquer outra causa. Ex.: *O acidente deixou-lhe uma marca no rosto. Podem-se ver bem as marcas da batida no seu carro.* **4.** Nome do fabricante de um produto. Ex.: *Esta marca de tênis é a preferida dos adolescentes.*
>
> **Dicionário ilustrado de português**, de Maria Tereza Camargo Biderman. São Paulo: Ática, 2005.

○ Agora numere os círculos com o número do significado da palavra **marca** mais adequado a cada frase.

( ) A vacina deixou uma **marca** na pele do bebê.

( ) Alguns alunos fizeram **marcas** na capa de seus livros para que não se misturassem com os livros dos colegas.

( ) Mamãe comprou chocolates de uma **marca** importada.

( ) Os invasores deixaram as **marcas** de seus pés por todo o caminho.

( ) Apenas um dos cinco gatinhos nasceu com uma **marca** branca na patinha.

2 Pesquise no dicionário a palavra **membro**. Depois, explique o significado dessa palavra em cada frase.

a) Depois do acidente, a vítima não conseguia mexer os **membros** superiores.

....

....

b) Os **membros** do clube promoveram uma campanha para arrecadar alimentos.

....

....

Conto de memória

Nesta Unidade você conheceu um pouco da história de Helen Keller, de Rubem Alves, de Zlata Filipović, de Santos Dumont, de Drauzio Varella, de Tatiana Belinky e da vinda dos africanos que foram escravizados no Brasil. Para isso, você estudou contos de memória, diário, biografia, crônica, conto.

Que tal agora escrever um **conto de memória** narrando um momento da sua vida que tenha sido marcante?

Depois de pronto, seu texto será lido pelos colegas e você conhecerá as histórias deles.

© Laerte/Acervo do cartunista

Lola, a andorinha, de Laerte. São Paulo: Cachalote, 2013.

Planejando suas ideias

Escolha um momento marcante da sua vida que você ache interessante contar aos colegas.

Tente lembrar-se de todos os detalhes: quando e onde a história aconteceu, quantos anos você tinha, quem participa dela, o que aconteceu, como a história terminou, por que ela foi marcante para você.

Rascunho

Antes de começar a escrever seu texto, releia os contos de memória **Os balões** e **De ovos**, observando como foram escritos, como iniciam e como terminam.

Atente também para os seguintes detalhes:

- O texto deve ser escrito em 1ª pessoa.
- Ele deve conter início, meio e fim.
- A história deve ter acontecido no passado.

Escreva seu texto nas páginas de rascunho do **Caderno de produção de texto**.

Revisando suas ideias

Retome os pontos do planejamento e do rascunho para saber se você não se esqueceu de nenhum detalhe em seu texto. Peça ao professor que leia o seu texto e que o oriente quanto à forma de melhorá-lo.

Texto final

Agora, reescreva seu conto de memória fazendo as correções que forem necessárias. Use as páginas do **Caderno de produção de texto** para registrar seu texto finalizado. Se quiser, você pode ilustrar ou colar fotos desse momento da sua vida.

Ilustra Cartoon/Arquivo da editora

UNIDADE

2

No mundo atual

Vamos conversar?

- Você tem o costume de usar celular, *tablet*, computador e outros aparelhos eletrônicos?

- Como você imagina que seria sua vida e a das pessoas se eles não existissem? Seria melhor? Pior? Ou apenas diferente?

O que vou estudar?

- Artigo: definido e indefinido

- Substantivo: comum, próprio, concreto, abstrato, coletivo, primitivo, derivado, simples e composto

- Substantivo: gênero, número e grau

- Preposição

- Crase

Imagens e comunicação

Para você, leitor, que já nasceu numa época em que as imagens são muito importantes no dia a dia, celulares que podem fotografar e filmar não causam nenhum espanto. Mas tente imaginar como eram a vida e a convivência entre as pessoas antes da invenção da televisão, dos computadores, da internet, dos telefones celulares, das redes sociais. Difícil, não é mesmo?

Mas essa época existiu. Era comum ver crianças brincando na rua, de bola, passa anel e outros jogos infantis. E os adultos, depois do dia de trabalho, se visitavam ou levavam suas cadeiras para as calçadas em frente às suas casas para conversar, fazer tricô, jogar dominó. O contato principal das pessoas era ao vivo e com a comunidade próxima, local.

Claro que continuamos brincando, jogando bola, encontrando parentes e vizinhos, mas isso ocorre muito menos do que antes da existência dessas máquinas e do desenvolvimento dessa tecnologia de comunicação.

Ilustra Cartoon/Arquivo da editora

Agora, estamos boa parte do nosso tempo conectados dentro ou fora de casa, recebendo e enviando palavras e imagens, nos relacionando virtualmente, brincando com jogos eletrônicos.

Isso trouxe possibilidades incríveis. Podemos fazer amizades no mundo todo, ouvir músicas de diversos países, pesquisar qualquer assunto, a qualquer momento, e outras tantas coisas mais.

Esse mundo só não é legal se virar um vício que limita ou até prejudica a nossa vida. Tem gente que acaba se relacionando com os amigos, e até com a família, muito mais virtualmente do que ao vivo. E, com isso, enfraquece o **vínculo** com as pessoas e deixa de vivenciar várias e importantes situações e experiências. Você conhece alguém assim?

Aventura da imagem, de Lia Zatz e Diana Zatz Mussi. São Paulo: Moderna, 2013.

vínculo: ligação, laço.

Por dentro do texto

1 Releia o primeiro parágrafo do texto e responda às questões.

a) A quem o narrador se dirige?

....

....

b) O que o narrador pede que o leitor imagine?

....

....

....

c) Explique o que o narrador quis dizer com a expressão: "Difícil, não é mesmo?".

....

....

....

○ E você, consegue imaginar como era a vida das pessoas antes da televisão, do celular, da internet? Conte como você acha que era a vida nessa época.

2 Antes do desenvolvimento das tecnologias citadas no texto, como era o contato entre as pessoas?

....

....

○ E como é hoje em dia? O que mudou?

....

....

....

....

3 O texto apresenta pontos positivos e pontos negativos em relação ao uso da tecnologia no dia a dia. Complete as colunas do quadro com as informações do texto.

Pontos positivos	Pontos negativos

○ Em sua opinião, há outros pontos positivos ou negativos além dos que são apresentados no texto? Acrescente-os à tabela.

4 Converse com os colegas sobre os pontos positivos e negativos apresentados no texto. Você concorda com eles?

5 Converse com seus pais ou avós e pergunte como era a vida deles antes do desenvolvimento dessas tecnologias. O que era melhor? O que é melhor agora? Depois, faça o registro nas linhas abaixo.

Aprendendo gramática

● Artigo definido e artigo indefinido

1 Releia este trecho do texto.

> "Esse mundo só não é legal se virar um vício que limita ou até prejudica a nossa vida. Tem gente que acaba se relacionando com os amigos, e até com a família, muito mais virtualmente do que ao vivo. E, com isso, enfraquece o vínculo com as pessoas e deixa de vivenciar várias e importantes situações e experiências. Você conhece alguém assim?"

● Agora copie do texto a palavra que vem antes de cada substantivo abaixo.

.... vício   .... (nossa) vida

.... amigos   .... família

.... vínculo   .... pessoas

As palavras que você copiou são **artigos**.

> **Artigo** é a palavra que acompanha o substantivo, determinando-o de modo preciso ou vago, indicando seu gênero e número.

Os artigos podem ser **definidos** ou **indefinidos**.

Observe.

(artigo definido)   (artigo definido)   (artigo definido)

Os pais observam **as** crianças usando **o** computador para que isso não se torne **um** vício.

(artigo indefinido)

Os **artigos definidos** indicam o substantivo de modo preciso, definido. Já os **artigos indefinidos** indicam o substantivo de modo vago, generalizado.

Veja o quadro dos artigos.

	Artigo			
	definido		indefinido	
	masculino	feminino	masculino	feminino
singular	o	a	um	uma
plural	os	as	uns	umas

2 Leia a história em quadrinhos e encontre os artigos.

O Globo, Rio de Janeiro, 9 jan. 2010. Globinho.

○ Escreva os artigos que você encontrou e os substantivos a que esses artigos se referem.

● Substantivo comum, substantivo próprio, substantivo concreto e substantivo abstrato

Todos os seres, isto é, as pessoas, os animais, as plantas e as coisas em geral, têm nome.

menino   flor   maçã   tartaruga   relógio

> As palavras que dão nome aos seres são chamadas **substantivos**.

Leia a frase, observe as palavras destacadas e sua classificação.

No **Brasil** há grande variedade de **animais**.

| substantivo próprio | substantivo comum |

> **Substantivo próprio** é aquele que dá nome a determinado ser da mesma espécie. Escreve-se com letra inicial maiúscula.
> Exemplos: Amazônia, Costa Rica, Rodrigo.

> **Substantivo comum** é aquele que dá nome a todos os seres da mesma espécie. É escrito com letra minúscula.
> Exemplos: menino, livro, país.

Observe ainda:

O **menino** sente **saudade** das conversas que tinha com seu **pai**.

Menino e **pai** são **substantivos concretos**.

> O **substantivo concreto** dá nome a seres de existência própria, reais ou imaginários.
> Exemplos: Brasil, criança, rua, animal, ar, saci-pererê.

O substantivo **saudade** não existe por si só. Depende do menino para existir; o menino deve sentir saudade para que ela exista. **Saudade** é um **substantivo abstrato**.

O **substantivo abstrato** dá nome a estados, qualidades, sentimentos ou ações. Em todos esses casos, dependem sempre de outro ser para se manifestar.

Exemplos: amor, alegria, pobreza, honestidade.

1 Complete o quadro com dois substantivos comuns que tenham nome de:

Brinquedo	Animal	Parte do corpo humano
....	....	....
....	....	....

2 Complete o quadro com dois substantivos próprios que sejam nomes de:

País	Cidade brasileira	Bairro
....	....	....
....	....	....

3 Leia os substantivos abstratos do quadro.

> tristeza   beijo   abraço

○ Escreva-os embaixo da figura que melhor os representa.

....

4 Volte ao texto **Imagens e comunicação** e copie três substantivos concretos.

....

....

Escrevendo certo

● Palavras pronunciadas do mesmo modo (homofonia)

1 Consulte no dicionário os significados das palavras a seguir. Depois complete as informações.

> acento   assento

a) Esqueci de colocar o .... na palavra.

b) Este .... é reservado para gestantes e idosos.

> Quando nos referimos ao sinal gráfico, usamos a palavra **acento**.
>
> Quando nos referimos ao móvel em que sentamos, usamos a palavra **assento**.

2 Veja no dicionário o significado das palavras abaixo e escreva três frases empregando cada uma delas.

> sessão: _____
>
> _____
>
> _____
>
> seção: _____
>
> _____
>
> _____
>
> cessão: _____
>
> _____
>
> _____

> As palavras que têm grafia e significado diferentes, mas pronúncia igual, são chamadas **homófonas**.

3 Complete as frases com as palavras do quadro. Se tiver dúvida, consulte o dicionário.

serradas	cerradas	concerto	conserto
cesta	sexta	viagem	viajem

a) O jogador lançou a bola na .... e marcou ponto.

b) Esta é a .... vez que assisto a esse filme.

c) Todas as portas foram .... ao meio.

d) Assim que o espetáculo teve início, as portas foram ....

e) Vovô e vovó fizeram uma .... ao Nordeste.

f) Queremos que titia e titio .... conosco.

g) A orquestra fez um magnífico ....

h) Ficou caro o .... do computador!

4 Leia e ilustre as frases abaixo.

a) Veja como é bonita a **sela** deste cavalo.

b) O preso foi posto em uma **cela** pequena.

A bola

O pai deu uma bola de presente ao filho. Lembrando o prazer que sentira ao ganhar a sua primeira bola do pai. Uma número 5 sem **tento** oficial de couro. Agora não era mais de couro, era de plástico. Mas era uma bola.

O garoto agradeceu, desembrulhou a bola e disse "Legal". Ou o que os garotos dizem hoje em dia quando gostam do presente ou não querem magoar o velho. Depois começou a girar a bola, à procura de alguma coisa.

— Como é que liga? — perguntou.

— Como, como é que liga? Não se liga.

O garoto procurou dentro do papel de embrulho.

— Não tem manual de instrução?

O pai começou a desanimar e a pensar que os tempos são outros. Que os tempos são decididamente outros.

— Não precisa de manual de instrução.

— O que é que ela faz?

— Ela não faz nada. Você é que faz coisas com ela.

— O quê?

— Controla, chuta...

— Ah, então é uma bola.

— Claro que é uma bola.

— Uma bola, bola. Uma bola mesmo.

— Você pensou que fosse o quê?

— Nada, não.

O garoto agradeceu, disse "Legal" de novo, e dali a pouco o pai o encontrou na frente da tevê, com a bola nova do lado, **manejando** os controles de um *videogame*. Algo chamado *Monster Ball*, em que times de monstrinhos disputavam a posse de uma bola em forma de *blip* eletrônico na tela ao mesmo tempo que tentavam se destruir mutuamente. O garoto era bom no jogo. Tinha coordenação e raciocínio rápido. Estava ganhando da máquina.

O pai pegou a bola nova e ensaiou algumas ==embaixadas==. Conseguiu equilibrar a bola no peito do pé, como antigamente, e chamou o garoto.

— Filho, olha.

O garoto disse "Legal" mas não desviou os olhos da tela. O pai segurou a bola com as mãos e a cheirou, tentando recapturar mentalmente o cheiro de couro. A bola cheirava a nada. Talvez um manual de instrução fosse uma boa ideia, pensou. Mas em inglês, para a garotada se interessar.

embaixadas: exercícios ou brincadeiras que consistem em manter a bola no ar chutando-a levemente repetidas vezes.

manejando: manobrando, manuseando.

tento: nas bolas de futebol antigas, abertura costurada com cadarço por onde era introduzida uma câmara de ar.

Festa de criança, de Luis Fernando Verissimo. São Paulo: Ática, 2002.

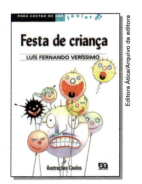

O escritor **Luis Fernando Verissimo** nasceu em Porto Alegre, em 1936, e é muito conhecido por seus contos e crônicas de humor. Além de escritor, é também jornalista e roteirista de televisão, entre outras atividades. Já publicou mais de setenta livros.

É filho do escritor brasileiro Érico Veríssimo (1905-1975).

No livro **Festa de criança**, de onde foi retirado o texto **A bola**, o autor reúne crônicas que trazem as travessuras e o olhar das crianças em histórias que nos levam muito além do riso.

Por dentro do texto

1 Assinale a opção correta.

- O narrador do texto **A bola** é um:

  ( ) narrador-observador.   ( ) narrador-personagem.

- Comente sua resposta e copie um trecho do texto que a justifique.

....

....

....

O texto **A bola** é uma crônica.

> A **crônica** narra fatos do cotidiano de uma forma simples e breve. Sua linguagem é informal e, geralmente, apresenta humor. Ela pode conter uma crítica ou provocar a reflexão sobre algum assunto.

2 A crônica **A bola** faz uma crítica ou provoca a reflexão? Justifique sua resposta.

....

....

....

....

....

3 Ao escolher uma bola para dar de presente ao filho, o pai achava que:

( ) o menino já esperava pelo presente.

( ) o filho sentiria o mesmo prazer que ele sentiu ao ganhar sua primeira bola.

( ) a bola de plástico iria agradar mais que a de couro.

4 O que o menino fez ao perceber que o presente era uma bola?

....

5 O que havia em comum entre o presente que o menino ganhou e o jogo *Monster Ball*?

....

....

6 O que o pai quis dizer com a palavra destacada no trecho abaixo?

> "O pai começou a desanimar e a pensar que os tempos são outros. Que os tempos são **decididamente** outros."

....

....

7 Na língua portuguesa existem muitas expressões com a palavra **bola**. Leia as expressões abaixo e explique o sentido delas. Depois, escreva uma frase usando cada uma dessas expressões.

pisar na bola

....

....

....

dar bola para

....

....

....

8 Em sua opinião, uma bola com manual de instruções e escrito em inglês atrairia mais a atenção das crianças? Por quê? Converse com os colegas.

Aprendendo gramática

● Substantivo coletivo

Releia este trecho do texto e observe a palavra destacada.

> "o pai o encontrou na frente da tevê, com a bola nova do lado, manejando os controles de um *videogame*. Algo chamado *Monster Ball*, em que **times** de monstrinhos disputavam a posse de uma bola"

A palavra **times** indica mais de um time. **Time**, ainda que esteja no singular, designa um conjunto de jogadores ou atletas. **Time** é um substantivo **coletivo**.

> **Substantivo coletivo** é o substantivo comum que, mesmo estando no singular, designa um conjunto de seres da mesma espécie.

1 Circule, nas frases, os substantivos coletivos. Depois sublinhe os substantivos comuns que estão no plural.

a) Os atores da novela se reuniram com o novo elenco.

b) Comprei flores e fiz um belo ramalhete.

c) O batalhão, com mais de 500 soldados, marchou pela avenida.

d) Comprei as figurinhas que faltavam para completar o álbum.

2 Complete as frases com o substantivo coletivo correspondente ao substantivo destacado. Se necessário, procure no dicionário.

a) Ganhei uma .... de **papel** colorido.

b) Um dos **ladrões** da .... foi preso.

c) Uma .... de **gafanhotos** destruiu toda a plantação.

d) Encontrei no .... os **mapas** de que preciso.

e) Este .... tem muitas **palavras**.

f) Mônica comeu dois .... de **uvas**.

g) Um **ônibus** daquela .... enguiçou.

3 No diagrama 1, encontre cinco substantivos comuns. No diagrama 2, encontre os respectivos substantivos coletivos.

1
Q U E D T O S E E
Y Q W D S S Ô S S
T D J Y U I N P T
S V F T J K I E U
R R Y G G F B C D
T N V C X S U T A
A B E L H A S A N
D V C S D E F D T
O V E L H A S O E
R S W F G H Y R S
Q U G Q W D K E H
U E D D J Y A S D

2
A S E F E G T H Y
A R E B A N H O E
A D W G S S D A G
G F C O L M E I A
E T E G P H Y J E
W U D G L B P V E
F R O T A E L C R
Q M D S D F A Y T
A A V G P V T F F
R C G R C M E P P
Q U E D J Y I G G
D J Y R R Y A U G

o Escreva os substantivos no quadro de acordo com as indicações.

Substantivos comuns	Substantivos coletivos

4 Escreva uma frase com os substantivos comuns e seus coletivos.

a) estrelas – constelação

....

b) aves – bando

....

c) quadros – galeria

....

Escrevendo certo

● Sufixos com s e z (derivação)

Leia o texto abaixo.

> O pai tinha **certeza** de que a bola seria um presente **maravilhoso**. No entanto, o filho não sabia **utilizar** a bola e deixou-a de lado.

Ilustra Cartoon/ Arquivo da editora

O verbo **utilizar** deriva do adjetivo **útil**.

Na língua portuguesa, algumas palavras são formadas por derivação.

Uma das formas de derivação é o acréscimo de um elemento no final da palavra primitiva, obtendo-se outra palavra. Esse elemento é chamado de **sufixo**. O sufixo do verbo **utilizar** é **-izar**.

1 Complete as afirmações.

a) O substantivo **certeza** deriva do adjetivo ....

b) O adjetivo **maravilhoso** deriva do substantivo ....

2 Quais são os sufixos das palavras **certeza** e **maravilhoso**?

....

3 Use os sufixos indicados e forme novas palavras.

Palavras	Sufixos	Novas palavras
surdo	-ez	
preguiça	-oso	
puro	-eza	
suave	-izar	
veneno	-osa	

4 Encontre no diagrama dez palavras que contenham os sufixos **-ez/-eza**, **-oso/-osa** ou **-izar**.

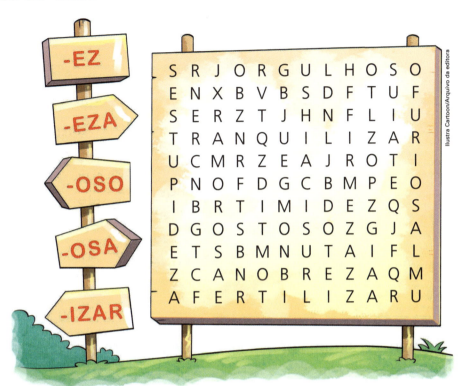

○ Agora escreva no quadro as palavras que você encontrou e complete todas as colunas.

Palavras com sufixo	Sufixo	Palavra primitiva

Brincadeiras ao redor do mundo

Algumas brincadeiras mudam com o passar do tempo. Seus avós provavelmente conheceram brincadeiras e brinquedos que não são mais comuns atualmente. Há também brincadeiras diferentes dependendo da região.

gosphotodesign/Shutterstock/Glow Images

Eder/Shutterstock/Glow Images

- Você já aprendeu alguma brincadeira diferente com uma criança de outra região?

- Em que lugar do mundo você imagina que as brincadeiras sejam mais divertidas? Por quê?

Marlene Bergamo/Folha Imagem, Folhinha

Crianças brincam de cabo de guerra na aldeia de Cacoal (RO), 2009.

Robert van der Hilst/Corbis/Latinstock

Crianças brincam de pular corda em Uummannaq, Groenlândia, 2006.

Wolfgang Kaehler/LightRocket/Getty Images

Meninas brincam no balanço em Ushuaia, Argentina, 2006.

- Qual é sua brincadeira preferida?
- Na região onde você mora, as crianças costumam brincar ao ar livre? Por quê?

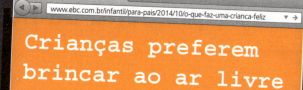

Crianças preferem brincar ao ar livre

Nem computadores nem objetos eletrônicos. As brincadeiras que deixam as crianças mais felizes são aquelas que podem ser realizadas ao ar livre, juntamente com amigos e familiares. [...] Entre as brincadeiras preferidas estão jogar bola e brincar de boneca/boneco. Andar de bicicleta veio a seguir e pega-pega. Empataram o esconde-esconde, brincar de carrinho, *videogame* e de casinha. [...]

Fonte: Sociedade Brasileira de Pediatria. Disponível em: <www.ebc.com.br/infantil/para-pais/2014/10/o-que-faz-uma-crianca-feliz>. Acesso em: 29 jan. 2015.

Brincadeiras de crianças de nacionalidades diferentes

Taiwan – Apanhe os pintinhos

Trata-se de um popular jogo de pega-pega de Taiwan. Primeiro, determina-se quem será a águia, a galinha e os pintinhos.
A águia tem de se esforçar para apanhar os pintinhos, que são defendidos a todo custo pela galinha. Aquele que for apanhado perde e será a ave na próxima rodada.

Egito – Silêncio é ouro

Forma-se uma grande roda. Escolhe-se um líder, que deve começar a fazer cosquinhas ou careta para o companheiro do lado. Este faz o mesmo para o seguinte, e assim sucessivamente. Quem der risada ou fizer algum barulho perde o jogo.

Texto adaptado de: <www.guiadoscuriosos.com.br/categorias/3842/1/brincadeiras-de-criancas-de-10-nacionalidades-diferentes.html>. Acesso em: 29 jan. 2015.

- Você já conhecia alguma(s) dessas brincadeiras?
- O que você sabe sobre os países de origem dessas brincadeiras?

O que seria de nós sem eles?

Livro apresenta os 100 inventos mais importantes da história da humanidade

Olhe à sua volta. Pense em tudo o que você já aprendeu e responda: qual é a invenção mais importante de toda a história da humanidade? O computador? A televisão? Em meio a tantas descobertas, é bem complicado definir aquelas que são as mais importantes, não é?

Apesar disso, o escritor americano Tom Philbin não desanimou frente ao desafio. Ele fez uma lista com as invenções que considera dignas de nota e selecionou uma centena para apresentar no livro **As 100 maiores invenções da História**, publicado pela editora Difel.

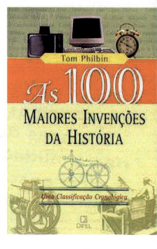

Fruto de muita pesquisa e reflexão, a obra traz a roda como a primeira colocada do *ranking* — nada mais justo, já que, se olharmos com cuidado, essa antiga invenção está presente em quase tudo à nossa volta. Mas existem muitas surpresas, como a presença do vaso sanitário na lista e, acredite, em boa colocação!

Ilustra Cartoon/Arquivo da editora

Mas qual a importância de uma invenção? Melhorar a vida do ser humano? Torná-la mais confortável? Como é muito difícil responder a essa pergunta, você pode não concordar com as escolhas de Philbin. Então, que tal fazer sua própria lista, com as maiores invenções da humanidade na sua opinião? Antes, no entanto, vamos conhecer a fantástica história de algumas delas. A posição de cada uma no *ranking* das 100 mais está entre parênteses, para você concordar ou... discordar!

O papel (12ª)

A história do papel começou na China, há quase 2 mil anos. No ano 49 antes de Cristo (a.C.), os chineses já fabricavam papel a partir de cascas de árvores, de bambu e de uma planta chamada cânhamo. Da China, o papel chegou ao Japão (onde era usado também para fazer bonecas, leques e até divisórias para casas!) e à Europa, por meio dos árabes. O papel como conhecemos hoje começou a surgir em 1852, quando passou a ser produzido a partir da polpa da madeira.

Irina Nartova/Shutterstock/Glow Images

Os óculos (16ª)

Os primeiros óculos surgiram entre 1268 e 1289, em Veneza, na Itália. Mas eles não eram bem como conhecemos hoje. Na verdade, nem mesmo as lentes eram feitas de vidro, e sim de um mineral chamado quartzo! Por quê? Simples: o vidro ainda não havia sido inventado! Além disso, durante um bom tempo, as lentes foram coloridas, pois se acreditava que a lente branca deixava passar muita luz. O preço salgado — chegavam a custar o equivalente a milhares de reais — permitia que só os mais ricos possuíssem óculos, mas em muitos lugares, como na Inglaterra e na França, ele só era usado em segredo, escondido de todo mundo. Na Espanha, por outro lado, quem usava óculos era visto como alguém de maior importância e dignidade. Vai entender!

Alinute Silzeviciute/Shutterstock/Glow Images

Samuel Borges Photography/Shutterstock/Glow Images

Vichy Deal/Shutterstock/Glow Images

O vaso sanitário (20ª)

Apesar de relatos sobre vasos sanitários existirem há mais de 4 mil anos na Índia, foi somente no século XVIII que ele se popularizou. Os primeiros modelos foram criados em 1596, mas só em 1738 foi inventada uma privada com válvula de descarga e apenas em 1775 surgiu o primeiro vaso que mantinha sempre água no fundo, diminuindo os odores. Antes disso, as pessoas se livravam dos dejetos enterrando-os nos bosques, atirando-os pela janela nos esgotos a céu aberto ou nos rios.

A anestesia (34ª)

Já pensou fazer uma operação sem anestesia? Pois há cerca de duzentos anos, não havia escolha. Afinal, a história da anestesia só começa no século XVIII, quando se descobriu que o óxido nitroso deixava as pessoas insensíveis à dor. Em 1842, pequenas cirurgias começaram a ser feitas com éter — uma substância parecida com o óxido nitroso — como anestésico. Porém, a anestesia só passou a ser oficialmente empregada quatro anos depois e logo surgiram técnicas e compostos que permitiam anestesias locais. Pense bem: será que, sem a anestesia, a maioria dos nossos avanços na medicina seria possível?

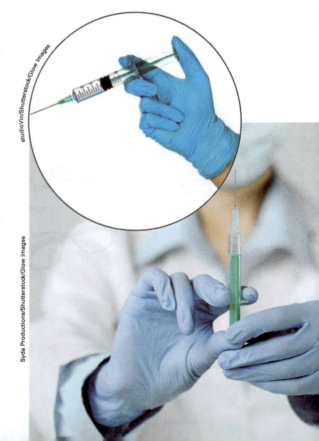

As embarcações de madeira (40ª)

Durante milhares de anos, os barcos de madeira permitiram que o ser humano explorasse o mundo, comercializasse suas mercadorias, entre outros feitos. Os primeiros barcos aparentemente foram construídos por volta de 4000 a.C., pelos fenícios, povo que vivia no Oriente Médio. Com barcos com uma única vela, 60 metros de comprimento e até 200 remadores, eles foram os primeiros a fazer sucesso com o comércio marítimo. Séculos depois, os gregos dominaram os mares e criaram embarcações mais longas, voltadas para a guerra.

Coleção particular

O relógio (44ª)

Não é de hoje que o ser humano procura marcar o tempo. Há 5 mil anos, os egípcios já se orientavam por meio das sombras projetadas pelo Sol. O primeiro tique-taque de um relógio, porém, só foi ouvido em 1285, com a invenção do mecanismo capaz de mover as engrenagens em intervalos regulares. Nessa época, os relógios possuíam apenas o ponteiro das horas e eram bastante imprecisos. O ponteiro dos minutos só apareceu em 1680 e o dos segundos, anos depois. A partir da década de 1930, surgem os relógios de quartzo, digitais, os mais utilizados hoje em dia.

Aleksandr Bryliaev/ Shutterstock/Glow Images

Pavel Ignatov/Shutterstock/ Glow Images

NDT/Shutterstock/Glow Images

Tatiana Popova/ Shutterstock/ Glow Images

O que seria de nós sem eles?, de Marcelo Garcia. **Ciência Hoje das Crianças**, 7 jul. 2010. Disponível em: <http://chc.cienciahoje.uol.com.br/o-que-seria-de-nos-sem-eles/>. Acesso em: 2 abr. 2015.

Reprodução/<http://chc.cienciahoje. uol.com.br>

ranking: palavra do inglês usada para designar uma lista que segue certa ordem de importância.

Por dentro do texto

1 O escritor que listou as cem maiores invenções da humanidade foi:

◯ Tom Philbin.   ◯ Marcelo Garcia.

2 Assinale **V** (verdadeiro) ou **F** (falso) nas afirmativas abaixo.

◯ Depois de muita pesquisa e estudo, o autor decidiu que o vaso sanitário não deveria entrar na lista das maiores invenções.

◯ Apesar de ser uma invenção muito antiga, a roda foi a primeira colocada na lista das invenções.

◯ Ninguém pode discordar da lista de invenções criada por Tom Philbin.

3 As palavras *ranking* e **lista** têm exatamente o mesmo significado? Explique.

....

....

....

....

4 Das seis invenções descritas no texto, qual é a mais recente? Em que ano foi criada?

....

....

5 Estudar as invenções criadas pela humanidade pode ser um jeito de estudar História? Por quê?

....

....

....

....

6 Veja as duas capas abaixo antes de responder às questões.

a) O escritor Tom Philbin é brasileiro? Justifique sua resposta com um trecho do texto.

....

....

....

b) Observando as duas capas, é possível deduzir que:

○ o autor escreveu a obra em inglês e depois ela foi traduzida para o português.

○ o autor escreveu a obra em português e depois ela foi traduzida para o inglês.

7 O texto **O que seria de nós sem eles?** foi publicado no *site* da revista **Ciência Hoje das Crianças**. Para quem esse texto se destina?

....

....

8 O autor do texto propõe que você faça a sua lista com as maiores invenções da História. Pense nas dez mais importantes em sua opinião e escreva-as abaixo. Depois, compare-a com a lista dos colegas e discutam as escolhas de cada um.

1º .... 6º ....

2º .... 7º ....

3º .... 8º ....

4º .... 9º ....

5º .... 10º ....

9 No texto **Imagens e comunicação**, você ficou imaginando como seria a vida sem a televisão, o computador, a internet, o telefone celular... Agora imagine como seria a vida sem o papel, o vaso sanitário, o relógio, etc. Pensando nisso, imagine uma invenção que ainda não foi criada e que seria muito importante para a humanidade. Faça o desenho dessa invenção e depois explique aos colegas por que ela seria importante.

Aprendendo gramática

- ## Substantivo primitivo e substantivo derivado; substantivo simples e substantivo composto

Leia a frase abaixo.

> Os alunos não encontraram o **livro** em nenhuma **livraria** do bairro!

Observe:

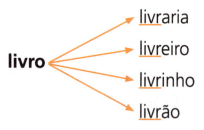

livro
- livraria
- livreiro
- livrinho
- livrão

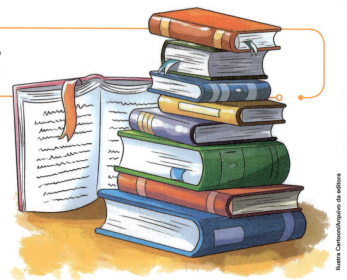

Ilustra Cartoon/Arquivo da editora

Observe nas palavras acima a parte comum a todas elas.

Na língua portuguesa há palavras que dão origem a outras.

> Chama-se **substantivo primitivo** aquele que não se originou de outra palavra. Exemplo: livro.

> Chama-se **substantivo derivado** aquele que se originou de outra palavra. Exemplos: livraria, livreiro, livrinho, livrão.

1 Dos substantivos primitivos abaixo, escreva substantivos derivados.

pedra: ....

flor: ....

ferro: ....

lixo: ....

papel: ....

Texto 3 – O que seria de nós sem eles?

2 Complete as frases com substantivos derivados dos substantivos primitivos destacados.

a) No início a **chuva** era fraca, mas depois transformou-se em uma

....

b) O .... bateu na **porta** da casa de Paulo para entregar-lhe a correspondência.

c) Aquela .... do bairro tem **flores** lindas!

A .... faz belos arranjos com elas.

d) O .... vendeu o último **jornal** para mim.

e) Vovô colheu as **laranjas** da .... do quintal e

fez uma bela .... para nós.

Agora observe:

Abri o **guarda-chuva** para proteger-me da **chuva**.

chuva → substantivo simples

guarda-chuva → substantivo composto

Os **substantivos simples** são formados de uma só palavra.
Exemplos: chuva, flor.

Os **substantivos compostos** são formados de duas ou mais palavras, ligadas ou não por hífen. Exemplos: pé de moleque, beija-flor, passatempo.

3 Junte as palavras do quadro e forme substantivos compostos com e sem hífen.

guarda	mal	íris	bem	arco	pé
salva	porta	vidas	me	sol	quer
retratos	couve	te	ponta	flor	vi

....

....

Escrevendo certo

qua, que, qui e gua, gue, gui

Leia a frase e observe as palavras destacadas.

> Rafael gostava de **pesquisar** sobre os dinossauros. **Frequentemente** descobria coisas novas.

Na palavra **pesquisar**, o grupo **qu** constitui um dígrafo; a vogal **u** não é pronunciada.

Na palavra **frequentemente**, a vogal **u** é pronunciada; não constitui dígrafo.

1 Leia as palavras e circule as sílabas em que aparece **qu**.

> moleque   quartel   barquinho   aquário

○ Qual é a diferença do som das letras **qu** entre as palavras **moleque** e **barquinho** e as palavras **quartel** e **aquário**?

....

....

2 Leia as palavras do quadro e separe-as quanto ao som das letras **qu**.

> quase   aquele   aquático   aquarela   queijo
>
> máquina   quando   quente   quarenta   quilo

u não pronunciado	u pronunciado

Da mesma forma que o grupo **qu**, também o **gu** pode formar dígrafo quando seguido das vogais **e** ou **i**. Nesse caso, a vogal **u** não é pronunciada.

Veja estes exemplos:

guirlanda

mangueira

3 Circule as sílabas que têm **gu**.

aguentar	pinguim	guindaste	conseguir
aguardar	língua	fregueses	sangue

○ Copie as palavras nas quais a vogal **u** é pronunciada, formando ditongo.

....

4 Complete as frases com **qu** ou **gu**.

a) Colocamos um lindo ....adro na sala!

b) Os alunos fizeram pinturas com ....ache.

c) Fizemos um hambúr................er ontem.

d) Gosto de sanduíche de ....eijo.

e) Papai pagou as compras com che................e.

f) Esperamos que você che................e bem!

Unidade 2

A invenção do relógio

Houve um tempo
em que o ser humano
tinha todo o tempo do mundo.
Não havia dia, hora,
minuto, segundo.
O amanhã emendava
no hoje,
que já vinha de ontem
e anteontem
e assim por diante.
Mas de repente,
não sei o que deu
nessa gente,
apareceu um homem apressado,
sempre ocupado,
com o tempo contado.
Carrancudo, dizia
"brincadeira tem hora,
uma hora a gente se encontra,
existe hora pra tudo".
Lógico, só pode ser ele
o inventor do relógio.

É tudo invenção, de Ricardo Silvestrin. São Paulo: Ática, 2010.

Por dentro do texto

1 O texto **A invenção do relógio** é:

( ) um poema e está organizado em versos.

( ) uma reportagem e trata de uma descoberta.

( ) um texto científico e revela dados sobre uma invenção.

2 Segundo o texto, como era o tempo antigamente?

....

....

....

3 Quais são os adjetivos usados para caracterizar o inventor do relógio?

....

4 Compare o texto que você acabou de ler com o texto anterior, **O que seria de nós sem eles?**, e responda às questões abaixo.

a) Nos dois textos o relógio é considerado uma boa invenção para a humanidade? Explique.

....

....

b) Os dois textos, ao tratar da invenção do relógio, usam linguagem objetiva e dados históricos? Por quê?

....

....

c) Em ambos os textos sabe-se a identidade do inventor do relógio? Explique.

....

....

111

Unidade 2

Aprendendo gramática

● Gênero do substantivo

Leia as frases, observando as palavras destacadas.

> O **inventor** do relógio era muito ocupado.
> Ele queria controlar as **horas**, os **minutos** e os **segundos**.

Ilustra Cartoon/Arquivo da editora

Os substantivos podem ser do gênero masculino ou do gênero feminino.

É **masculino** o substantivo diante do qual podemos usar os artigos **o**, **os**, **um** ou **uns**. Exemplos:

| **o** inventor | **os** minutos | **um** relógio | **uns** segundos |

É **feminino** o substantivo diante do qual podemos usar os artigos **a**, **as**, **uma** ou **umas**. Exemplos:

| **a** invenção | **as** horas | **uma** aluna | **umas** pessoas |

Muitos substantivos que designam seres humanos ou animais têm uma forma para indicar o gênero masculino e outra para indicar o gênero feminino. Veja:

Masculino	Feminino
ator	atriz
barão	baronesa
bode	cabra
burro	besta
carneiro	ovelha
cavaleiro	amazona
cavalheiro	dama
cidadão	cidadã
cônsul	consulesa
frade	freira
genro	nora
guri	guria
herói	heroína

Ilustra Cartoon/Arquivo da editora

Masculino	Feminino
imperador	imperatriz
jabuti	jabota
judeu	judia
juiz	juíza
ladrão	ladra
maestro	maestrina
padrasto	madrasta
padre	madre
poeta	poetisa
rapaz	rapariga
réu	ré
touro	vaca
zangão	abelha

Há substantivos que apresentam uma única forma para os dois gêneros. Eles são chamados de **sobrecomum**, **comum de dois gêneros** e **epiceno**.

Observe estas frases:

Aline é **uma criança**. Alexandre também é **uma criança**.

O substantivo **criança** é feminino e apresenta uma só forma para se referir a uma menina ou a um menino. **Criança** é um **substantivo sobrecomum**.

Veja outros substantivos sobrecomuns:

o animal	**o** carrasco	**o** monstro	**a** testemunha
a criatura	**o** membro	**o** cadáver	**o** indivíduo
a vítima	**a** pessoa	**o** cônjuge	**o** ídolo

Observe estas outras frases.

Paulo é **um dentista**.

Letícia é **uma dentista**.

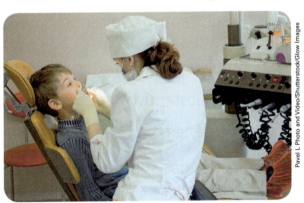

O substantivo **dentista** apresenta a mesma forma para o masculino e para o feminino. O gênero é indicado geralmente pelo artigo que o acompanha. **Dentista** é um **substantivo comum de dois gêneros**.

Veja alguns substantivos comuns de dois gêneros.

Masculino	Feminino
o imigrante	**a** imigrante
o jovem	**a** jovem
o jornalista	**a** jornalista
o estudante	**a** estudante
o pianista	**a** pianista

Masculino	Feminino
o doente	**a** doente
o artista	**a** artista
o colega	**a** colega
o esportista	**a** esportista
o gerente	**a** gerente

Agora observe esta frase:

Os pesquisadores encontraram **um jacaré macho** e **um jacaré fêmea**.

O substantivo **jacaré** tem a mesma forma para o masculino e para o feminino, porém necessita das palavras **macho** e **fêmea** para indicar o sexo do animal. **Jacaré** é um **substantivo epiceno**.

Veja ao lado alguns exemplos de substantivos epicenos.

a águia **macho** → **a** águia **fêmea**

o besouro **macho** → **o** besouro **fêmea**

a cobra **macho** → **a** cobra **fêmea**

a formiga **macho** → **a** formiga **fêmea**

a aranha **macho** → **a** aranha **fêmea**

a onça **macho** → **a** onça **fêmea**

1 Complete as afirmações abaixo.

a) Os substantivos podem estar no gênero .... ou

no gênero ....

b) Antes dos substantivos masculinos, podemos usar os artigos ....

....

c) Antes dos substantivos femininos, podemos usar os artigos ....

....

Texto 4 – A invenção do relógio

2 Leia a piada.

No restaurante, o **cliente** chama o **gerente**:

— **Senhor**, tem uma **mosca** no meu prato!

— Não, diz o **gerente**, é o desenho do prato.

O **cliente** responde:

— Só se for desenho animado, pois ela está se mexendo!

Popular

a) Agora complete a piada passando para o feminino os substantivos destacados acima e fazendo as adequações necessárias.

No restaurante, ... chama ....:

— ...., tem .... no meu prato!

— Não, diz ...., é o desenho do prato.

.... responde:

— Só se for desenho animado, pois ela está se mexendo!

b) Como você indicou o gênero feminino nas palavras **cliente** e **gerente**?

....

c) Os substantivos **cliente** e **gerente** são:

◯ sobrecomuns. ◯ comuns de dois gêneros. ◯ epicenos.

d) Que palavra você usou para indicar o feminino do substantivo **mosca**?

....

e) O substantivo **mosca** é:

◯ sobrecomum. ◯ comum de dois gêneros. ◯ epiceno.

3 Reescreva as frases substituindo os substantivos destacados pela forma correspondente no feminino.

a) Uma **cobra macho** apareceu na mata.

....

b) A **onça macho** embrenhou-se na floresta.

....

c) A **andorinha macho** é uma ave pequena.

....

4 Reescreva as frases substituindo os substantivos masculinos por substantivos femininos. Faça as alterações necessárias.

a) O **lojista** atendeu o jovem **português**.

....

b) Aquele **jornalista** fez uma reportagem sobre o **estudante**.

....

c) O **caçula** esteve no consultório do **pediatra**.

....

5 Reescreva as frases substituindo os substantivos femininos destacados pela forma correspondente no masculino. Faça as alterações necessárias.

a) Minha **irmã** sempre foi minha **amiga** querida.

....

b) Minha **professora** foi a **vencedora** do concurso.

....

c) O **jacaré fêmea** quase atacou uma **égua** perto da fazenda da minha **bisavó**.

....

d) Aquela **moça** decidiu ser uma **esportista**.

....

Texto 4 – A invenção do relógio

Escrevendo certo

● Til

Leia a quadrinha e observe o uso do til nas palavras destacadas.

Nunca solte **balões**
Na noite de **São João**
Procure outra **diversão**
E espalhe esta **informação**:
Balão que cai aceso
Incendeia matas
E causa muita **destruição**!

Kanton/Arquivo da editora

 O **til** é usado sobre as vogais **a** e **o** para indicar que elas são nasais.

1 Circule a sílaba tônica das palavras abaixo.

lãzinha	campeões	mansão	alemãozinho
romãzeira	grã-fino	perdão	balão

○ Em qual posição pode aparecer a sílaba marcada por til em uma palavra?

....

2 Leia a sinopse do livro **Anão e gigante** e coloque o til nas palavras em que está faltando.

Às vezes, a gente se sente forte como um gigante. Outras vezes, pequeno como um anao. Nílson José Machado brinca com as palavras e traduz, em versos simples e divertidos, a oposiçao entre emoçoes intensas e diferentes.

ANÃO E GIGANTE
Nílson José Machado

Reprodução/Editora Scipione

Disponível em: <www.scipione.com.br>. Acesso em: 4 mar. 2015.

Anúncio bagunçado!

Curta o Menino Maluquinho... em histórias rapidinhas!, de Ziraldo. São Paulo: Globo, 2012.

Por dentro do texto

1 Responda às questões abaixo sobre o texto **Anúncio bagunçado!**.

a) Esse texto é:

◯ um anúncio.   ◯ uma história em quadrinhos.   ◯ um cartaz.

b) Justifique sua resposta para o item anterior.

....

....

2 Que solução o Menino Maluquinho decide dar para a bagunça dele?

....

3 É comum as pessoas venderem bagunça? Explique.

....

....

....

4 Em sua opinião, por que os meninos que desejavam comprar a bagunça também eram meninos maluquinhos?

....

....

5 Que palavra o Menino Maluquinho usa para se referir à bagunça?

....

6 De que outras formas o Menino Maluquinho poderia anunciar a venda de sua bagunça?

....

7 Imagine como foi o anúncio que Sugiro colocou na internet a pedido do Menino Maluquinho e quais informações ele continha. Depois, faça-o no caderno.

Aprendendo gramática

● Número do substantivo

Leia as frases e observe os substantivos destacados.

> O menino anunciou a venda de seu **brinquedo** pela internet.

> O menino anunciou a venda de seus **brinquedos** pela internet.

Ilustrações: Ilustra Cartoon/Arquivo da editora

O substantivo pode estar na forma **singular** ou na forma **plural**.

No singular, o substantivo indica um só elemento ou um conjunto de seres (substantivo **coletivo**).

No plural, o substantivo indica mais de um elemento.

Geralmente se forma o plural dos substantivos simples acrescentando-se a consoante **s** ao singular. Observe.

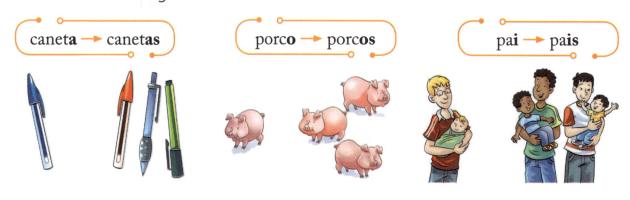

caneta → canetas   porco → porcos   pai → pais

1 Há, também, outras maneiras de formar o plural dos substantivos. Observe os exemplos a seguir e complete as frases com suas conclusões.

a) melão → melões   irmão → irmãos   cão → cães

○ Substantivos terminados em **ão** fazem o plural em ....,

.... ou ....

b) flor → flor**es**   freguê**s** → fregues**es**   rai**z** → raíz**es**

○
○   Substantivos terminados em **r**, **s** ou **z** fazem o plural
○   acrescentando-se ....
○

c) **o** tóra**x** → **os** tóra**x**   **o** tên**is** → **os** tên**is**   **o** ônib**us** → **os** ônib**us**

○
○   Substantivos terminados em **x** e substantivos paroxítonos ou pro-
○   paroxítonos terminados em **s** conservam a mesma forma no plural
○   e no singular. O plural é indicado pelo ....
○

d) bagage**m** → bagage**ns**   jardi**m** → jardi**ns**

○
○   Substantivos terminados em **m** fazem o plural trocando-se o
○   .... por ....
○

e) jorn**al** → jorn**ais**   pap**el** → pap**éis**   anz**ol** → anz**óis**   az**ul** → az**uis**

○
○   Substantivos terminados em **al**, **el**,
○   **ol** ou **ul** fazem o plural trocando-se
○   o .... por ....
○

Atenção para as exceções!
mal → males
cônsul → cônsules

f) fuz**il** → fuz**is**   can**il** → can**is**

○
○   Substantivos oxítonos terminados em **il** perdem o .... e re-
○   cebem o ....
○

g) répt**il** → répt**eis**   inút**il** → inút**eis**

○
○   Substantivos paroxítonos terminados em **il**
○   trocam o .... por ....
○

Alguns substantivos têm vogal **o** tônica **fechada** no singular e vogal **o** tônica **aberta** no plural. Leia em voz alta alguns exemplos:

Singular (ô)	Plural (ó)
ovo	**o**vos
caroço	car**o**ços
corpo	c**o**rpos
fogo	f**o**gos

Singular (ô)	Plural (ó)
poço	p**o**ços
povo	p**o**vos
forno	f**o**rnos
porco	p**o**rcos

O substantivo composto escrito com hífen ou sem hífen forma o plural de várias maneiras. Veja:

- Os dois elementos vão para o plural quando temos:

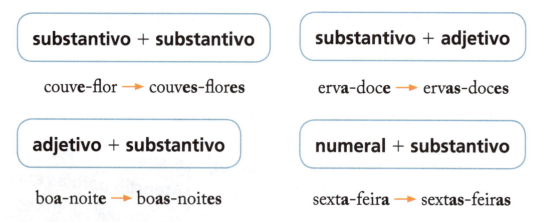

substantivo + substantivo

couve-flor ➝ couves-flores

substantivo + adjetivo

erva-doce ➝ ervas-doces

adjetivo + substantivo

boa-noite ➝ boas-noites

numeral + substantivo

sexta-feira ➝ sextas-feiras

- Só a primeira palavra vai para o plural quando os dois elementos são ligados por preposição:

língua de sogra ➝ línguas de sogra

- Só a segunda palavra vai para o plural quando temos:

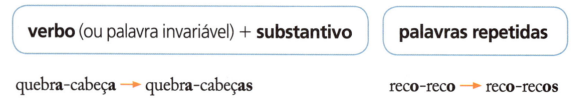

verbo (ou palavra invariável) + **substantivo**

quebra-cabeça ➝ quebra-cabeças

palavras repetidas

reco-reco ➝ reco-recos

- Conserva a mesma forma o substantivo composto cujos dois elementos são invariáveis. O singular ou o plural será indicado pelo artigo:

o porta-lápis ➝ **os** porta-lápis

Texto 5 – Anúncio bagunçado!

2 Forme frases com as palavras abaixo colocando os substantivos no plural.

a) viagem, mês, ônibus

....

....

b) professor, atlas, mapa

....

....

3 Reescreva as frases no singular.

a) Os vírus espalharam-se rapidamente.

....

b) Os pires das xícaras quebraram-se.

....

c) Os meninos enviaram os cartões-postais para os professores.

....

4 Reescreva as frases no plural.

a) O rapaz levou a bagagem para o quarto.

....

....

b) Peguei o guarda-chuva e o coloquei na mochila.

....

....

c) Na segunda-feira o aluno levará o boletim para a casa.

....

....

Escrevendo certo

● des-, im-, in-

Leia este parágrafo e observe os verbos destacados.

> Ricardo **ligava** o computador bem cedinho e só o **desligava** à noite.

Os verbos **ligava** e **desligava** são antônimos, isto é, têm sentidos opostos.

Leia também estas palavras:

> amarrado ➜ desamarrado   feito ➜ desfeito

Muitas palavras iniciadas com **des-** derivam de outras e têm sentido de oposição, negação ou falta/ausência.

1 Aplicando a informação anterior, escreva o antônimo das palavras abaixo.

abrigado: ....   ocupado: ....

abotoado: ....   cobrir: ....

Observe esta frase:

> Renata precisava ser **paciente**, pois também queria usar o computador.

Pode-se também expressar oposição antepondo **im-** ou **in-** a algumas palavras. Veja estes exemplos:

> paciente ➜ **im**paciente   adequado ➜ **in**adequado

2 Leia as palavras e forme suas derivadas, indicando oposição.

aceitável: ....   possível: ....

prestável: ....   parcial: ....

capacidade: ....   cômodo: ....

Entrevista com Ruth Rocha

BRUNO MOLINERO
DE SÃO PAULO
6/9/2014 00h01

Há 45 anos, em setembro de 1969, Ruth Machado Lousada Rocha teclava uma máquina de escrever trancada no quarto. Acostumada a criar textos para adultos, ela tentava terminar a sua primeira história infantil, para a revista **Recreio**.

Só abriu a porta quando finalizou o conto **Romeu e Julieta**, sobre duas borboletas de cores diferentes. Como uma lagarta que sai do casulo, "nascia" ali também a escritora Ruth Rocha.

Mais de 200 livros depois e 12 milhões de exemplares vendidos, Ruth Rocha, 83, conversou com a **Folhinha** em seu apartamento, em São Paulo.

> **"Computador não faz com que se leia menos",** diz Ruth Rocha

Ruth Rocha em seu apartamento em São Paulo (SP), 2014.

Eduardo Anizelli/Folhapress

Folhinha – A infância mudou nesses 45 anos?

Ruth Rocha – As crianças são muito parecidas. Por isso, livros infantis mais antigos e contos de fadas ainda encantam gente do mundo todo.

Mas hoje tem o computador e outras tecnologias.

O problema não é o computador ou a TV, é o uso excessivo deles. Tem criança que fica o dia inteiro com as telinhas ligadas. Não pode. É preciso ter hora para brincar, estudar, sair, comer e, claro, também para o computador e a TV. Tem que ter disciplina.

As escolas atuais estão colocando a disciplina em segundo plano?

Por um lado, as escolas estão muito caretas. Não são nada divertidas. Mas há muitos colégios metidos a modernos que vão para o lado oposto. Como o autoritarismo no passado era grande, eles acabam jogando fora o respeito e a disciplina. Essas escolas também estão erradas. A criança tem que ter regras, senão fica impossível. Ela pede por limites, quer ouvir um "não", seja dos pais ou do professor.

Brincar na rua faz falta?

Faz falta, claro. Mas hoje é muito perigoso. E a criança inventa brincadeiras onde estiver. Quando meus netos eram pequenos, por exemplo, eles transformavam tudo o que eu tinha na sala de casa em pista de carrinho. A imaginação é muito forte.

Usar o computador faz com que as crianças leiam menos?

Não acho. Nunca se vendeu ou produziu tanto livro. Na minha época, não tínhamos opções, meus colegas não conversavam sobre literatura e as escolas não tinham bibliotecas. Conhecíamos só as histórias do Monteiro Lobato. Hoje há mais opções.

[...]

A sra. lia muito quando era criança?

Muito. Quando eu tinha 13 anos, decidi ler todos os livros de uma biblioteca circulante que ficava na avenida São Luís. Claro que não consegui. Mas acho que li a biblioteca inteira do colégio Rio Branco, onde estudei e trabalhei.

E ouvia muitas histórias também?

Meu avô era um grande contador de histórias. Era um velhinho engraçado que adorava contar contos de folclore, dos irmãos Grimm, fábulas, histórias "Mil e uma noites". Já meu pai só sabia três histórias: do Aladim, de um homem com a perna amarrada, que eu não sei de onde ele tirou, e outra que não lembro. E minha mãe, quando descobriu o Monteiro Lobato, lia várias histórias para a gente.

Há algum tema impossível de escrever?

Já fiz histórias sobre preconceito, autoritarismo e até adaptei a **Ilíada** e a **Odisseia**, de Homero (700 a.C.). Só não consigo fazer histórias tristes. Preciso de esperança.

[...]

Planeja fazer lançamentos em livro digital?

O livro digital não pegou no Brasil. Eles geralmente não aproveitam a tecnologia que têm à disposição. Eu vendo muito livro, mas minhas obras disponibilizadas em *e-book* não vendem nada. Talvez um dia o livro físico acabe, mas esse movimento ainda não começou.

Alguns livros escritos por Ruth Rocha.

"Entrevista com Ruth Rocha", de Bruno Molinero. **Folha de S.Paulo**, São Paulo, 6 set. 2014. Folhinha. Disponível em: <www1.folha.uol.com.br/folhinha/2014/09/1510852-computador-nao-faz-com-que-se-leia-menos-diz-ruth-rocha-leia-entrevista.shtml>. Acesso em: 4 mar. 2015.

Reprodução/Editora Nova Fronteira/ Quinteto Editorial/Companhia das Letrinhas/Editora Objetiva/Editora FTD/ Fotomontagem: Cesar Wolf

Reprodução/<www1.folha.uol.com.br> Fotomontagem: Cesar Wolf

1 O primeiro conto que Ruth Rocha escreveu para o público infantil se chama **Romeu e Julieta**. Sobre o que é o conto?

....

....

2 Sublinhe no texto o local e a data da publicação da entrevista.

3 Sobre as opiniões de Ruth Rocha, assinale **V** (verdadeiro) ou **F** (falso) nas afirmativas abaixo.

( ) Defende que as escolas coloquem limites para os alunos quando necessário.

( ) Acredita que as crianças nunca deveriam usar computadores ou assistir à televisão.

( ) Critica que hoje em dia as crianças não leem as histórias de Monteiro Lobato.

( ) Lia bastante quando era criança e já tentou ler todos os livros de uma biblioteca.

4 As entrevistas são compostas de perguntas, feitas pelo entrevistador, e de respostas, dadas pelo entrevistado. Nesse caso, quem são o entrevistador e o entrevistado?

....

....

....

5 Que tal brincar de entrevista? Forme dupla com um colega e faça de conta que você é o entrevistador e ele é uma pessoa famosa que será entrevistada. Depois vocês podem trocar os papéis.

6 Ruth Rocha lia muito quando era criança. Em sua opinião, o gosto da autora pela leitura influenciou na escolha dela em se tornar escritora?

....

....

7 Em duas de suas respostas, Ruth Rocha cita Monteiro Lobato. Você já leu alguma história desse escritor?

....

....

8 Relacione as capas de alguns livros escritos por Ruth Rocha às sinopses correspondentes.

( ) Essa obra apresenta a história de um garoto gordinho que adorava assistir televisão. De tanto que ele assistia TV, um dia decidiu fazer tudo o que ela mandava. Será que essa história pode acabar bem?

( ) Marcelo, Teresinha e Gabriela são os personagens dos contos deste livro. Eles são crianças que vivem no espaço urbano e resolvem suas dificuldades com esperteza e vivacidade.

( ) Esse livro reúne recontos da tradição popular de várias partes do mundo. São histórias saborosas que divertem, ensinam e fazem a imaginação voar.

9 Você leu, ou gostaria de ler, algum livro da atividade anterior? Qual(is) e por quê?

....

....

Aprendendo gramática

Graus do substantivo

Leia estas frases e observe as palavras destacadas.

> Enquanto a autora escrevia a história, a **chuva** caía.
> Caía uma **chuvinha** fina pela manhã.
> Caía uma **chuvarada** quando anoiteceu.

Chamamos de **grau** as variações do substantivo para indicar aumento ou diminuição do seu tamanho.

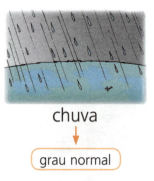

chuva

grau normal

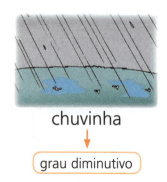

chuvinha

grau diminutivo

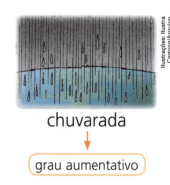

chuvarada

grau aumentativo

Ilustrações: Ilustra Cartoon/Arquivo da editora

Em geral, para formar o diminutivo, usamos terminações como:

inho → menin**inho**	**ote** → menin**ote**	**eto** → livr**eto**
zinho → animal**zinho**	**ico** → burr**ico**	**ejo** → animal**ejo**
ito → cabr**ito**	**ebre** → cas**ebre**	**isco** → chu**visco**

Podemos também formar o diminutivo com o auxílio das palavras **pequeno(a)** e **minúsculo(a)**. Observe.

sapato **pequeno**

flor **minúscula**

Em geral, o grau aumentativo é formado com o auxílio das terminações:

ão → lat**ão**	**aço** → ric**aço**	**orra** → cabeç**orra**
ona → crianç**ona**	**alha** → mur**alha**	**ázio** → cop**ázio**
(z)arrão → can**zarrão**	**eirão** → voz**eirão**	**aréu** → fog**aréu**

Podemos também formar o grau aumentativo com o auxílio das palavras **grande**, **enorme** e **imenso(a)**. Veja.

lápis **grande**

casa **enorme**

carinho **imenso**

Texto 6 – Entrevista com Ruth Rocha

1 Assinale a alternativa em que há apenas palavras no diminutivo.

○ carinho, animalzinho, dentinho, bainha

○ filhote, burrico, rainha, soneca

○ pequenito, riacho, animalejo, gotícula

2 Muitas vezes, o diminutivo e o aumentativo são usados para expressar sentimentos. Escreva a ideia expressa pelas palavras destacadas nas frases abaixo.

a) Que **lugarzinho**, hein? ....

b) O cantor soltou aquele **vozeirão**! ....

c) **Queridinha**, onde você pensa que vai? ....

d) Eu amo tanto minha **mãezona**! ....

3 Passe os substantivos abaixo para o plural. Depois escreva a forma plural e diminutiva desses substantivos. Veja o exemplo.

limão _____*limões*_____ → _____*limõezinhos*_____

animal .... → ....

mão .... → ....

pão .... → ....

farol .... → ....

4 Reescreva as frases substituindo o que está em destaque pela forma feminina plural diminutiva. Faça as modificações necessárias.

a) **Um jovem** comia bombom.

....

b) **O menino** trouxe o papel dobrado.

....

c) **O pai** recebeu o grupo de crianças.

....

Escrevendo certo

● -oso, -osa

Observe a palavra destacada.

> Ruth Rocha é uma escritora muito **famosa**.

Ruth Rocha

fama → substantivo

famosa → adjetivo

Veja outros exemplos:

cheiro   cheiroso/cheirosa

sabor   saboroso/saborosa

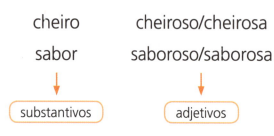

substantivos   adjetivos

pão de ló

> Os sufixos **-oso** e **-osa** transmitem a ideia de "muito", "cheio de", "que possui (algo)". Por exemplo, **famoso** indica 'que tem fama'.
> A pronúncia do adjetivo masculino é fechada (ô); a do adjetivo feminino é aberta (ó).

1 Complete as frases abaixo.

a) Quem tem preguiça é ....

b) Quem faz carinho é ....

c) Aquilo em que há perigo é ....

2 No caderno, escreva frases com as palavras **corajosa** e **medroso**.

Entre *e-mails* e acontecimentos

🖱 OED

Érica e Mônica são melhores amigas. O pai de Érica é professor e ganhou uma bolsa de estudos na França. Por isso, ele e a família se mudaram para Paris e vão passar dois anos lá. Kika (apelido de Érica) e Nika (apelido de Mônica) passam, então, a se comunicar por *e-mail*.

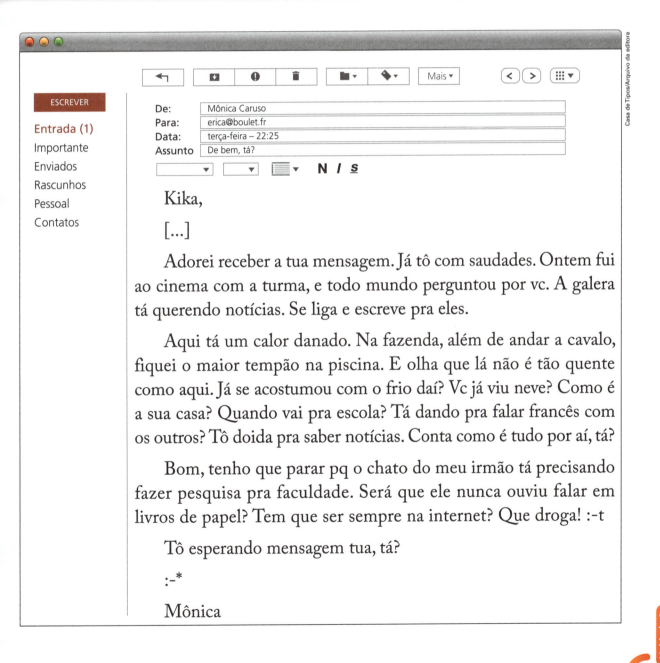

De:	Mônica Caruso
Para:	erica@boulet.fr
Data:	terça-feira – 22:25
Assunto	De bem, tá?

ESCREVER

Entrada (1)
Importante
Enviados
Rascunhos
Pessoal
Contatos

Kika,

[...]

Adorei receber a tua mensagem. Já tô com saudades. Ontem fui ao cinema com a turma, e todo mundo perguntou por vc. A galera tá querendo notícias. Se liga e escreve pra eles.

Aqui tá um calor danado. Na fazenda, além de andar a cavalo, fiquei o maior tempão na piscina. E olha que lá não é tão quente como aqui. Já se acostumou com o frio daí? Vc já viu neve? Como é a sua casa? Quando vai pra escola? Tá dando pra falar francês com os outros? Tô doida pra saber notícias. Conta como é tudo por aí, tá?

Bom, tenho que parar pq o chato do meu irmão tá precisando fazer pesquisa pra faculdade. Será que ele nunca ouviu falar em livros de papel? Tem que ser sempre na internet? Que droga! :-t

Tô esperando mensagem tua, tá?

:-*

Mônica

Casa de Tipos/Arquivo da editora

ESCREVER

Entrada (1)
Importante
Enviados
Rascunhos
Pessoal
Contatos

De: Érica Santos
Para: monica@clarinet.com.br
Data: quarta-feira – 20:40
Assunto: Oi!!!!!

N *I* <u>s</u>

Nika,

Adorei! Fiquei com uma inveja danada. Queria mais era estar na piscina da fazenda do seu João. Que saudades do calor!

Aqui faz um frio de rachar. O meu pai falou que é assim só no inverno. Sei não, fazer o quê? Já que eu tô aqui, e não tem outro jeito, melhor me acostumar e tentar fazer ficar legal, né?

As minhas aulas só vão começar depois dos feriados de Natal e Ano-Novo. Lá pelo dia 7 de janeiro. Ontem fui até a escola pra conhecer. Fica pertinho aqui do prédio. É uma casa grandona, estilo antigo, mas com uma cara séria toda vida.

Nosso apartamento fica no *Quartier Latin*. É perto da Sorbonne, a universidade onde meu pai vai estudar. Dizem que foi um bairro que nem o Leblon, no Rio, onde se reuniam os intelectuais nos anos 60, e que tem esse nome porque antigamente os estudantes da faculdade falavam latim. Não sei se eles ainda falam hoje. Vou perguntar pro meu pai, depois te conto.

Voltando ao apê. Tenho um quarto enorme só pra mim, deve ser o dobro do que eu tinha aí. O dos meus pais é maior ainda. Tem também um terceiro quarto que eles fizeram de escritório. Vc sabe que meu pai não vive sem os livros dele, né?

Ainda não deu pra saber se o francês que eu aprendi antes de vir é o suficiente, mas tô tentando treinar na padaria, na farmácia, ou em qualquer outro lugar aonde eu vá. Ainda não saio sozinha aqui. A minha mãe acha que eu preciso conhecer melhor os arredores de casa primeiro. Mas ela tb precisa! Na segunda, a gente quase que não conseguiu voltar. Mamãe foi ficando nervosa, até que eu, com o meu francês capenga, fui pedir informações num café e descobri que a gente tava na esquina do prédio. Que mico! :-D Ainda bem que a criança da casa sou eu.

Manda mil beijos pra turma. Diz que já, já eu tô teclando pra eles tb. Deixa só a gente se achar aqui. É que sumiu uma mala durante a viagem, e adivinha de quem foi? Claro! A minha. Os caras da companhia aérea disseram pro meu pai que chega amanhã.

Dá um beijo na sua mãe e no seu pai também, pra ele não ficar com ciúme. ;-) E diz pro teu irmão não encher muito.

:-*

Érica

Rua na região do *Quartier Latin*, em Paris, França.

Fachada da Universidade Sorbonne, em Paris, França.

Torre Eiffel, em Paris, França.

Vista do alto da torre Eiffel, em Paris, França.

Casa de Tipos/Arquivo da editora

George Simhoni/Masterfile/Latinstock

David R. Frazier Photolibrary, Inc./Alamy/Latinstock

Radius Images/Latinstock

T.J. Kirkpatrick/T.J. Kirkpatrick Photography/Corbis/Latinstock

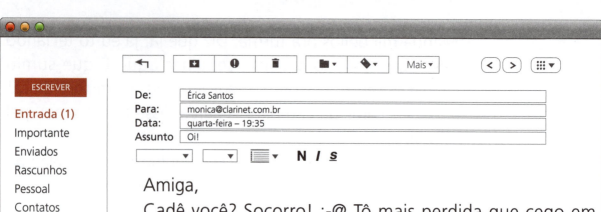

ESCREVER

Entrada (1)
Importante
Enviados
Rascunhos
Pessoal
Contatos

De: Érica Santos
Para: monica@clarinet.com.br
Data: quarta-feira – 19:35
Assunto: Oi!

N *I* <u>S</u>

Amiga,

Cadê você? Socorro! :-@ Tô mais perdida que cego em tiroteio. Boiei a aula inteira. Não entendi lhufas do que estavam falando. Parece até que eu nunca estudei francês na minha vida. Dá pra entender? Depois de todos os cinemas e praias que eu perdi por causa daquelas aulas aí. Depois de todas as minhas tentativas aqui. Não consegui acompanhar a aula! Pior ainda: aqui eles estão no meio do ano letivo. Todo mundo se conhece. Todos já têm turma. Me olham como se eu fosse de outro mundo, não têm a menor intenção de tentar entender o que eu tô falando. Nika, eu passei o recreio todo sozinha!!!!

:-(((((((((((Eu quero a minha escola de volta, os meus amigos, a minha praia, as minhas férias. Será que vai ser sempre assim?

Não sei nem se eu tô triste por não estar aí, furiosa porque ninguém sequer teve boa vontade comigo ou frustrada porque não aprendi essa maldita língua o suficiente.

Queria poder falar com vc. Não tô conseguindo nem escrever direito. :-(

Depois te escrevo melhor, tá?! :´-(

}{s

Érica

*Entre **e-mails** e acontecimentos*, de Sandra Pina. São Paulo: Mundo Mirim, 2013.

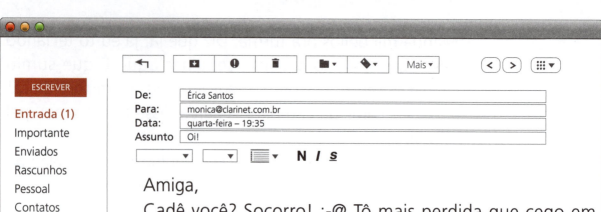

Por dentro do texto

1 Faça uma pesquisa e responda: o que significa *e-mail*?

....

....

2 Quem é a remetente e a destinatária do primeiro *e-mail*?

....

3 De que países as meninas escrevem as mensagens?

....

○ Apenas pela leitura das mensagens seria possível deduzir em que cidade elas estão? Comente sua resposta.

4 Qual é o principal assunto da conversa das meninas?

....

....

Saiba mais

Em mensagens enviadas por aparelhos eletrônicos, é comum o uso de *emoticons*: símbolos ou ícones usados para expressar sentimentos. Veja alguns exemplos:

Ilustra Cartoon/ Arquivo da editora

Os *emoticons* também podem ser criados por sinais de pontuação. Veja:

:-)	)(	:-O	:-D	:-(
feliz	beijo	espantado	gargalhando	triste

Unidade 2

5 Relacione as colunas para ligar os *emoticons* usados pelas meninas em suas mensagens aos seus respectivos significados.

1 :'-(◯ piscando

2 :-*   ◯ gargalhando

3 :-D   ◯ chorando

4 ;-)   ◯ beijo

5 :-@   ◯ gritando

6 Em sua opinião, por que as meninas preferiram escrever *e-mails,* e não cartas?

....

....

7 Em *e-mails* pessoais podemos usar linguagem informal, gírias, abreviaturas, pois o remetente e o destinatário têm intimidade. Retire palavras e expressões dos *e-mails* que comprovem isso.

....

....

....

8 Érica diz que se sente triste, furiosa e frustrada. Em sua opinião, ela vai ficar se sentindo assim para sempre ou vai conseguir ser mais feliz? Por quê?

....

....

....

....

....

9 Você já teve de se despedir de uma pessoa querida ou teve de lidar com a distância de alguém que gostaria de ter por perto? Converse com os colegas sobre como foi essa experiência.

Aprendendo gramática

Preposição

Leia esta frase:

> Mônica recebeu um *e-mail* **de** Érica **com** boas notícias.

As palavras **de** e **com** são **preposições**.

> **Preposição** é uma palavra invariável que liga duas palavras.

Veja o quadro das preposições.

a	após	com	de	em	para	perante	sem	sobre
ante	até	contra	desde	entre	per	por	sob	trás

As preposições **a**, **de**, **em** e **per** podem unir-se a outras palavras, como artigos, pronomes e advérbios, para formar uma única palavra. Veja:

> Estive **numa** exposição de quadros.
> Você já viu uma estrela-**do**-mar?
> Vou **ao** baile **no** sábado.
> Ia **pelo** caminho pensando.

> nu**ma** → em + uma
> **do** → de + o
> **ao** → a + o   **no** → em + o
> pe**lo** → per + o

A essa união de palavras, chamamos de **combinação** ou **contração**.

> **Combinação** é a união de uma preposição com um artigo, um pronome ou um advérbio, sem alterações em sua forma. Exemplo: **a** + **o** → **ao**.

> **Contração** é a união de uma preposição com um artigo, um pronome ou um advérbio, com alterações em sua forma. Exemplo: **de** + **o** → **do**.

Conheça algumas combinações e contrações.

Preposição + artigo	Preposição + pronome demonstrativo	Preposição + advérbio
a + a → **à**	a + aquela → **àquela**	a + onde → **aonde**
a + o → **ao**	a + aquele → **àquele**	de + onde → **donde**
de + a → **da**	de + esta → **desta**	de + aqui → **daqui**
de + o → **do**	de + este → **deste**	de + ali → **dali**
em + a → **na**	de + essa → **dessa**	
em + o → **no**	de + esse → **desse**	
per + a → **pela**	em + aquela → **naquela**	
per + o → **pelo**	em + aquele → **naquele**	

● Crase

Observe a frase.

Eduardo vai **à** escola de ônibus.

vai **à** escola → vai **a**   **a** escola (substantivo feminino)

preposição   +   artigo

Quando duas vogais **a** se fundem, temos uma **crase**.

> **Crase** é a fusão de duas vogais **a** (**a** + **a**). Na escrita, indicamos a crase com o **acento grave** (**à**).

A crase ocorre quando:

o a preposição **a** se junta ao artigo **a(s)**.

Iremos **a a** praia no domingo.

Iremos **à** praia no domingo.

o a preposição **a** se junta aos pronomes demonstrativos **aquele(s)**, **aquela(s)**, **aquilo**.

Vou **a aquele** cinema hoje.

Vou **àquele** cinema hoje.

Veja os principais casos de emprego do acento indicativo de crase.

o Antes de palavra feminina precedida do artigo **a** e da preposição **a**:

Vívian foi **a a** feira.

Vívian foi **à** feira.

o Na indicação das horas:

Voltei **às** duas horas.

o Antes de nome de países, estados ou cidades que admitem artigo feminino **a**:

A França é um país da Europa.
Vou **à** França.

   (**a** + **a**)

Veja alguns casos em que **não** há crase.

o Antes de palavra masculina → Vou andar **a cavalo**.

o Antes de verbo → Estava **a cantar**.

o Antes de pronomes pessoais → Enviei flores **a ela**.

o Antes de nome de países, estados ou cidades que não admitem artigo feminino → Campos é uma cidade linda. Vou **a Campos** no final do mês.

1 Leia a legenda da pintura, identifique as preposições e contrações e circule-as.

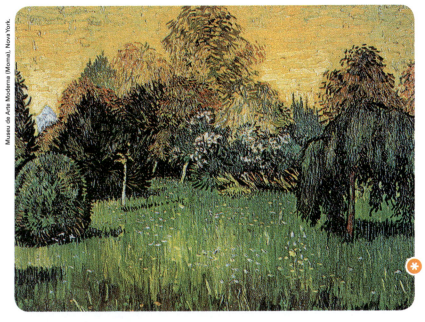

Museu de Arte Moderna (Moma), Nova York.

❋ **O jardim do poeta**, óleo sobre tela de Vincent van Gogh, 1888.

2 Coloque o acento indicativo de crase onde for necessário.

a) Mamãe levou a bolsa.

b) Fui a aula de manhã.

c) No próximo ano irei a Europa.

d) Pediu licença a professora e saiu.

3 Leia os quadrinhos e faça como no exemplo.

SE QUANDO VENHO, EU VENHO **DA...**

QUANDO VOU, EU CRASEIO O **A!**

Venho **da** cozinha.

Vou **à** cozinha.

a) Venho da Bahia. ....

b) Venho da Itália. ....

c) Venho da costureira. ....

d) Venho da biblioteca. ....

4 Leia as frases e explique por que o acento indicativo de crase não foi usado.

a) Gosto de andar **a pé**.

....

....

b) Não tenho nada **a dizer** sobre o assunto.

....

....

c) Dei um presente **a ele**.

....

....

d) Dei o recado **a você** pela manhã!

....

....

Escrevendo certo

● -ão, -am

Leia as frases em voz alta e observe o som final das palavras destacadas.

> Os amigos **enviaram** *e-mails* para Érica.
> Os amigos **enviarão** *e-mails* para Érica.

enviar**am** → **-am** | ação passada   enviar**ão** → **-ão** | ação futura

As sílabas finais das formas verbais **enviaram** e **enviarão** são escritas de modo diferente, mas o som delas é parecido.

As formas verbais não oxítonas são escritas com **-am**. Os monossílabos e as palavras oxítonas são escritos com **-ão**.

Exemplos:

s**ão** → monossílabo		est**ão** → forma verbal oxítona	
mel**ão** → palavra oxítona		fal**am** → forma verbal não oxítona	

1 Complete as frases com uma das palavras entre parênteses.

a) Amanhã os meninos .... primeiro. (entrarão/entraram)

b) Ontem eles .... antes de mim. (sairão/saíram)

c) No próximo ano, eles .... a nos visitar. (voltarão/voltaram)

2 Continue completando as palavras com **ão** ou **am** e compare-as. Veja o exemplo.

calç**ão**	calç**am**	lim...........	lim...........
bot...........	bot...........	pi...........	pi...........
pag...........	pag...........	tost...........	tost...........

3 O professor vai ditar algumas palavras. Escreva-as no caderno.

Na página 112, você aprendeu sobre o gênero do substantivo.

Alguns dicionários apresentam, entre outras informações, o gênero do substantivo. Veja:

> **inverno** *s. masc.* in-***ver***-no. Uma das quatro estações do ano. Ex.: O *inverno no Brasil começa a 21 de junho e termina a 23 de setembro.*
>
> **Dicionário ilustrado de português**, de Maria Tereza Camargo Biderman. São Paulo: Ática, 2005.

Nesse verbete, há a indicação, abreviada (s. masc.), de que a palavra **inverno** é um substantivo masculino.

Leia outros exemplos:

colega

■ **substantivo de dois gêneros**

1. pessoa que, em relação a outra(s), pertence à mesma corporação, comunidade, profissão etc.

2. companheiro de estudos

fã

■ **substantivo de dois gêneros**

1. indivíduo que tem e/ou manifesta grande admiração por pessoa pública (artista, político, desportista etc.)

1.1 Derivação: por metonímia. Rubrica: esportes.

   pessoa que torce por determinado clube ou time; torcedor

   Ex.: *é fã do Fluminense*

1.2 Derivação: por extensão de sentido.

   pessoa que tem grande afeição ou demonstra grande interesse por (alguém ou algo)

   Ex.: *é fã da professora*

Dicionário eletrônico Houaiss da língua portuguesa. Versão 2009.3. Rio de Janeiro: Objetiva, 2009.

1 Observando os verbetes **colega** e **fã**, conclui-se que:

○ o gênero desses substantivos é indicado pelo artigo.

○ o gênero desses substantivos é indicado pelas palavras **macho** e **fêmea**.

○ esses substantivos apresentam outra forma para o masculino.

○ esses substantivos apresentam a mesma forma para o masculino e para o feminino.

2 Pesquise no dicionário o gênero dos substantivos a seguir e escreva o(s) artigo(s) adequado(s) para cada substantivo.

kosam/Shutterstock/Glow Images

.... musse

eurobanks/Shutterstock/Glow Images

.... pessoa

Coffee Lover/Shutterstock/Glow Images

.... papaia

johnfoto18/Shutterstock/Glow Images

.... alface

2xSamara.com/Shutterstock/Glow Images

.... estudante

Ozgur Coskun/Shutterstock/Glow Images

.... bebê

a) Das palavras acima, quais são substantivos comuns de dois gêneros?

....

b) Qual é sobrecomum?

....

c) Escreva uma frase usando as formas masculina e feminina dos substantivos comuns de dois gêneros.

....

....

Unidade 2

Debate

Nesta Unidade, você leu textos sobre o uso da tecnologia e seus impactos, positivos e negativos, em nossa vida.

Qual é a sua opinião sobre esse assunto? Para defendê-la, você e os colegas farão um debate.

A classe será dividida em dois grupos: os alunos que aprovam o uso da tecnologia pelas crianças e os que não aprovam.

Planejamento

Para começar, leia a opinião de alguns profissionais sobre o uso de eletrônicos na infância.

CONTRA

"Eletrônicos são terríveis"

COLABORAÇÃO PARA A **FOLHA**

"Qualquer aparelho eletrônico é terrível para a criança." A frase, que costuma gerar polêmica, é de Valdemar W. Setzer, 71, professor do departamento de Ciência da Computação do Instituto de Matemática e Estatística da USP. Veja trechos de sua entrevista à "Folhinha". (BR)

APERTAR BOTÕES

Qualquer aparelho eletrônico é terrível para crianças. Elas deveriam brincar ativamente. O que fazem, por exemplo, quando brincam com um carrinho de controle remoto? Mexem os dedos para apertar botões. Um bom brinquedo deve ser simples. A criança deve entender o seu funcionamento, como uma boneca de pano. Nenhum adulto compreende o funcionamento de um *tablet*. Se eu quebrar o *chip*, não saberei montar.

[...]

A FAVOR

"Uso deve ser moderado"

COLABORAÇÃO PARA A **FOLHA**

"O uso do *tablet* por crianças só é prejudicial se houver abuso. Do contrário, é uma brincadeira." Essa opinião é de Andréa Jotta, 38, psicóloga do Núcleo de Pesquisas da Psicologia em Informática da PUC São Paulo. Leia a seguir. (BR)

[...]

USO MODERADO

Não há idade certa para usar *tablet*. O importante é a criança, independentemente da idade, ter opções diferentes de atividades, brincar das mais diferentes maneiras. Uma criança que aos 5 anos só brinca com *tablet*, aos 10 ganha console e aos 12 está viciada em tecnologia não foi estimulada a brincar sem os eletrônicos.

Ter ou não ter?. **Folha de S.Paulo**, São Paulo, 29 set. 2012. Folhinha. Disponível em: <www1.folha.uol.com.br/fsp/folhinha/dicas/di29091203.htm>. Acesso em: 4 mar. 2015.

Converse com os colegas de seu grupo e criem uma lista de argumentos para defender a opinião de vocês. Use as páginas do **Caderno de produção de texto**.

Debate

- Façam um sorteio para decidir qual grupo vai começar.

- Elejam um representante para apresentar a opinião do grupo e seus argumentos.

- Cada grupo terá um tempo determinado para defender seu ponto de vista. Terminado esse tempo, o outro grupo toma a palavra.

- Após a apresentação dos argumentos pelos dois grupos, o professor fará perguntas que poderão ser respondidas por qualquer integrante, defendendo o ponto de vista do grupo a que pertence. Para isso, o aluno deverá levantar a mão e aguardar a sua vez de falar, sem interromper o colega que estiver falando.

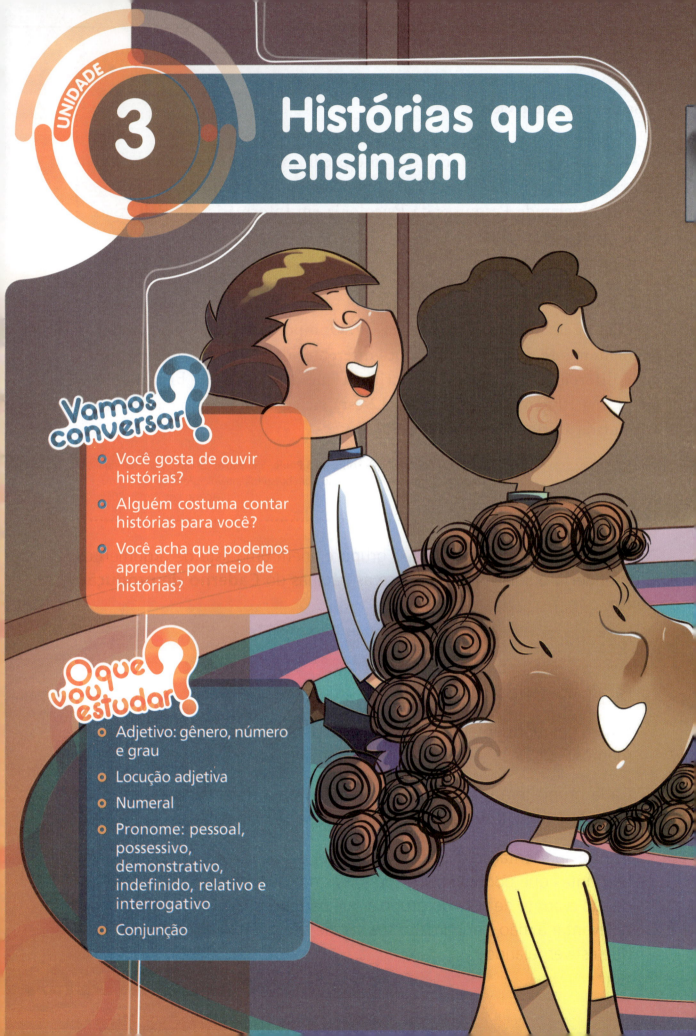

UNIDADE 3

Histórias que ensinam

Vamos conversar?

- Você gosta de ouvir histórias?
- Alguém costuma contar histórias para você?
- Você acha que podemos aprender por meio de histórias?

O que vou estudar?

- Adjetivo: gênero, número e grau
- Locução adjetiva
- Numeral
- Pronome: pessoal, possessivo, demonstrativo, indefinido, relativo e interrogativo
- Conjunção

A origem dos rios

Lenda de origem desconhecida.

Savuru era um espírito que vivia na floresta e tinha duas esposas. Elas se davam bem entre si, se ajudavam e viviam em harmonia. Mas Savuru era um mau marido e as maltratava.

Os irmãos Sol e Lua apaixonaram-se pelas esposas de Savuru. Pediram então a ele que as abandonasse, mas o espírito, furioso, expulsou os dois para longe [...] e trancou-as em uma caverna escura.

Inconformados, os irmãos procuraram a ariranha, e a pedido deles a fera aproveitou-se de uma noite sem lua e matou Savuru. A terra tremeu, mas o espírito era tão mau que ninguém quis vingá-lo, e as mulheres ficaram livres, podendo então se casar com o Sol e a Lua.

Saíram os dois casais pelo mundo procurando um lugar para morar e criar família. Souberam que nas terras de Kanutsipei, o espírito das águas, havia fartura e poderiam viver ali com segurança. Quando chegaram lá, estavam sedentos e exaustos. Pediram então o que beber a Kanutsipei, que lhes ofereceu uma cuia de água salobra e suja. Desconfiado, o Sol transformou-se em um pássaro e voou por ali à procura de boa água. Descobriu que o espírito havia escondido a água pura e cristalina em enormes vasos no fundo da floresta.

Indignados com a maldade de Kanutsipei, que deixava para todos, bichos e índios, a água barrenta de pequenos riachos e escondia com ==avareza== a água límpida, os dois irmãos despediram-se e voltaram para a mata.

No dia seguinte, chamaram os guerreiros das tribos mais próximas e invocaram a ajuda dos espíritos da floresta, dos bichos e dos pássaros. Discutiram e decidiram roubar as águas de Kanutsipei.

Prepararam-se pintando o corpo com as cores da guerra e fizeram as danças rituais.

Quando o dia começou a clarear, foram até onde os grandes vasos estavam escondidos. Mearatsim, o senhor da música, cantou de forma tão terrível que Kanutsipei fugiu apavorado e eles puderam quebrar os potes e libertar a água para o mundo. Formou-se uma enorme lagoa, e a cada um deles coube criar um rio. Assopravam a superfície, e a água ia correndo, abrindo leito nas florestas, formando rios, igarapés e cachoeiras.

Felizes, os irmãos perceberam então que a terra estava riscada de rios e que a água era ==abundante==.

Foi aí que o Sol resolveu dar também o seu sopro. E, enchendo o peito, feliz da vida, soltou um vento tão forte que formou o rio Amazonas.

A criação do mundo e outras lendas da Amazônia, de Vera do Val.
São Paulo: WMF Martins Fontes, 2008.

abundante: em grande quantidade.

avareza: apego excessivo ao dinheiro.

cuia: recipiente em formato oval, geralmente feito com a casca do fruto da cuieira.

salobra: (água) que tem sabor desagradável.

Por dentro do texto

1 Como era a relação entre Savuru e suas esposas?

_____

_____

2 Qual foi a atitude de Savuru quando o Sol e a Lua pediram que ele deixasse suas esposas?

_____

_____

3 Numere as frases de acordo com a sequência da história.

( ) Quando a água foi liberada, formou-se um grande lago e depois vários rios.

( ) Savuru maltratava suas esposas e não quis deixá-las para o Sol e a Lua.

( ) Os casais sabiam que as terras de Kanutsipei eram ótimas para viver, mas ele ofereceu-lhes água salobra e suja.

( ) Com a ajuda de guerreiros e dos espíritos da floresta, os irmãos Sol e Lua conseguiram afugentar Kanutsipei e distribuíram a água para o mundo.

( ) A ariranha, a pedido dos irmãos Sol e Lua, matou Savuru.

( ) Os dois novos casais saíram em busca de um bom lugar para viver e criar família.

Saiba mais

As **lendas** são narrativas fantasiosas, de autoria desconhecida, que dão explicações sobre fenômenos da natureza ou eventos que parecem não ter explicação.

Você conhece alguma outra lenda?

4 Essa história apresenta uma explicação científica para o surgimento de rios? Explique sua resposta.

5 Na história é narrado o surgimento do rio Amazonas. Observe a foto e responda às questões.

Filipe Faraon/Futura Press

Rio Amazonas no arquipélago do Marajó (PA), em 2007.

a) O rio Amazonas é grande ou pequeno? Faça uma pesquisa para responder.

....

....

....

b) Em sua opinião, é possível formar rios com a água contida em vasos? Por quê?

....

....

....

6 Kanutsipei é punido por não partilhar a água limpa com todos. Em sua opinião, a atitude de Kanutsipei estava correta? Justifique sua resposta.

....

....

....

7 Como você imagina que sejam os personagens dessa história? Faça, em uma folha à parte, um desenho para mostrar.

Aprendendo gramática

● Adjetivo: gênero e número

Leia este trecho do texto.

> "Descobriu que o espírito havia escondido a água **pura** e **cristalina** em **enormes** vasos no fundo da floresta."

As palavras **pura** e **cristalina** caracterizam o substantivo **água** e a palavra **enormes** caracteriza o substantivo **vasos**. **Pura**, **cristalina** e **enormes** são **adjetivos**.

> As palavras que atribuem características — positivas ou negativas — aos substantivos pertencem à classe dos **adjetivos**.

Leia e observe.

> O Sol e a Lua se casaram com as **lindas** mulheres e saíram à procura de um lugar **seguro** para morar.

As palavras destacadas são **adjetivos**: **lindas** está no feminino plural para concordar com o substantivo **mulheres**; **seguro** está no masculino singular para concordar com o substantivo **lugar**.

> Os **adjetivos** concordam com os **substantivos** em **gênero** e **número**, ou seja, no masculino/feminino e no singular/plural.

1 Complete as frases, caracterizando os substantivos com adjetivos. Atenção à concordância. Veja o exemplo.

a) Eram crianças ……… *animadas* ……….

b) Coloquei o lápis …………………………… sobre a mesinha.

c) A cidade estava …………………………… e …………………………….

d) Animais …………………………… mamam quando pequenos.

e) Helena é uma menina ……………………………, já seu irmão é …………………………….

2 Recorte a foto de um animal e cole-a abaixo. Depois escreva as característi-cas dele.

....

....

3 Classifique as palavras das frases assinalando-as com os códigos correspon-dentes. Observe o exemplo.

> ● substantivo   ▲ artigo   ■ adjetivo

a) A linda manhã prometia um passeio agradável.
   ▲ ■   ●   ▲ ●   ■

b) A menina ruiva tinha os cabelos compridos.

c) André é um rapaz inteligente.

d) O menino negro tinha dentes claros e lindos olhos castanhos.

Observe a concordância entre artigo, substantivo e adjetivo.

Artigo	Substantivo	Adjetivo
a	água	limpa
os	rios	escuros

O artigo e o adjetivo concordam em gênero (masculino/feminino) e em número (singular/plural) com o substantivo. À concordância do artigo e do adjetivo ao substantivo damos o nome de **concordância nominal**.

4 Reescreva as expressões, passando-as para o feminino plural.

a) O aluno aplicado. ....

b) Um cantor excelente. ....

c) O idoso feliz. ....

d) Um gato branco. ....

5 Observe a imagem e complete a frase com adjetivos.

G. Evangelista/Opção Brasil Imagens

A casa era ....

6 Leia as frases abaixo.

> A cantora Carmem nasceu na Espanha. Carmem é **espanhola**.

A palavra **espanhola** é um **adjetivo pátrio**, pois indica origem ou nacionalidade.

bikeriderlondon/Shutterstock/Glow Images

• Complete os quadros com o local de origem.

Local de origem	Adjetivo
Acre	acreano, acriano
Alagoas	alagoano
	amapaense
	amazonense
	aracajuense
	baiano
	belenense
	belo-horizontino
	brasileiro, brasílico
	brasiliense
	cearense
	cuiabano
	curitibano
	espírito-santense, capixaba
	florianopolitano
	fortalezense
	goianiense
	goiano
	pessoense
	maceioense
	manauense
	maranhense
	mato-grossense
	mato-grossense--do-sul
	mineiro

Local de origem	Adjetivo
	natalense
	niteroiense
	paraense
	paraibano
	paranaense
	pernambucano
	piauiense
	porto-alegrense
	recifense
	rio-branquense
	fluminense
	carioca
	rio-grandense-do--norte, potiguar
	rio-grandense-do--sul, gaúcho
	rondoniano
	roraimense
	soteropolitano
	catarinense
	são-luisense
	paulista
	paulistano
	sergipano
	teresinense
	tocantinense
	vitoriense

7 Complete as frases com adjetivos pátrios.

a) Minha tia nasceu em São Luís.

Ela é ....

b) Eu nasci em ....

Eu sou ....

c) Meu professor nasceu em ....

Ele é ....

d) Meu amigo .... nasceu em ....

Ele é ....

e) Minha mãe nasceu em ....

Ela é ....

8 Observe o mapa do Brasil e escreva os adjetivos pátrios correspondentes aos estados brasileiros e ao Distrito Federal.

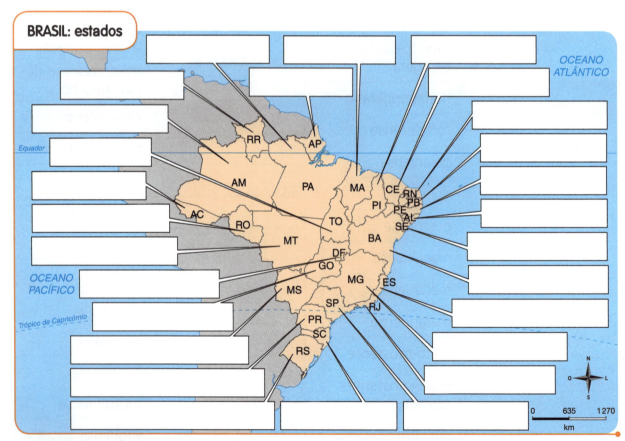

Organizado com base em: **Atlas geográfico escolar**. 6. ed. Rio de Janeiro: IBGE, 2012.

Texto 1 – A origem dos rios

● -ans, -ens, -ins, -ons, -uns

1 Passe para o plural o título da lenda: A origem dos rios.

....

- ○ Como se formou o plural da palavra **origem**?

....

....

2 Continue escrevendo o plural. Veja o exemplo.

um pudim: _uns pudins_   um instrumento: ....

um álbum: ....   um transporte: ....

um trem: ....   um ponto: ....

3 Leia as palavras e separe as sílabas.

transparente: ....   instituto: ....

jardins: ....   monstro: ....

construir: ....   álbuns: ....

alguns: ....   parabéns ....

4 Escreva a resposta das adivinhas. Dica: Todas as palavras devem ter vogal seguida de **ns**.

- **a)** Cumprimento dirigido às pessoas quando comemoram uma data importante: ....

- **b)** Contrário de **opaco**: ....

- **c)** Plural de **bem**: ....

O tema é...
O lugar onde moro

Dependendo da atitude das pessoas e do modo como elas interferem na natureza, o meio ambiente pode ser preservado ou destruído. Veja:

Rio do Pantanal, ao leste da chapada Diamantina (BA), 2014.

Córrego poluído, em Belfort Roxo (RJ), 2014.

Ciclista trafegando em rua de Curitiba (PR), 2014.

- Há lugares poluídos na região onde você mora?
- Você acredita que seja possível evitar a poluição? Como?
- Você conhece pessoas que têm doenças respiratórias, como bronquite, rinite ou asma?
- O que é possível fazer para evitar a poluição atmosférica?
- O que pode acontecer se a poluição aumentar mais a cada dia?

Gráfico de causas de internações atribuídas à poluição

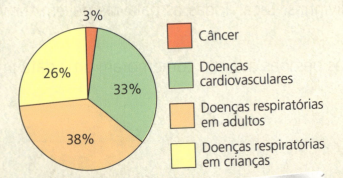

- 3% Câncer
- 33% Doenças cardiovasculares
- 38% Doenças respiratórias em adultos
- 26% Doenças respiratórias em crianças

Dados referentes ao estado de São Paulo (2011) extraídos de: <www.saudeesustentabilidade.org.br/site/wp-content/uploads/2013/09/Documento finaldapesquisapadrao_2409-FINAL-sitev1.pdf>. Acesso em: 29 jan. 2015.

Como é possível recuperar um rio poluído?

Rubens Chaves/Pulsar Imagens

Poluição no rio Tietê, em Pirapora do Bom Jesus (SP), 2013.

Bastam três ações: coletar, afastar e tratar os esgotos antes de lançá-los no rio. A receita é simples, mas a maioria dos países não consegue aplicá-la. Um relatório da Comissão Mundial de Águas, entidade internacional ligada à ONU, aponta que entre os 500 maiores rios do mundo, mais da metade enfrenta sérios problemas de poluição. No Brasil, o triste exemplo é o Tietê, seguramente um dos rios mais poluídos do planeta. Quando passa pela região metropolitana de São Paulo, ele recebe quase 400 toneladas de esgoto por dia e é considerado morto: só sobrevivem no seu leito organismos que não precisam de oxigênio, como certos tipos de bactérias e fungos. A principal causa da poluição é o esgoto doméstico. [...]

Mundo Estranho. Disponível em: <http://mundoestranho.abril.com.br/materia/como-e-possivel-recuperar-um-rio-poluido>. Acesso em: 29 jan. 2015.

○ É possível recuperar um rio que já está poluído?

○ Quais ações podemos ter para ajudar a preservar os rios?

O homem mais rico do mundo

Baseado num conto popular indiano.

Havia um rei muito rico, que gostava de ajudar todas as pessoas que tinham menos do que ele. Como ele era muito bom, acabavam abusando de sua generosidade. Muitos fingiam ser pobres só para receber ajuda facilmente.

Mas o rei, um dia, não quis mais ser enganado. Resolveu que só ajudaria quem fosse realmente necessitado.

Um dia, um <mark>súdito</mark> lhe disse:

— Meu senhor, eu vi o homem mais pobre do mundo. Ele é um homem de idade avançada. Não possui nada. Vive com alguns farrapos sobre o corpo. Dorme no topo de uma colina alta e se alimenta apenas de alguns frutos.

— Existe alguém pobre assim em meu reino? Preciso conhecê-lo de perto para poder ajudá-lo — disse o bom rei.

O rei montou em seu cavalo e foi até a colina.

Chegando lá avistou o homem. — Senhor, eu sou o rei, dono dessas terras. Quero ajudá-lo para que não sejas tão pobre, que não vivas em condições tão miseráveis.

— Mas eu não sou pobre, senhor. Sei transformar a terra em ouro.

— Como assim? — surpreendeu-se o rei.

— O senhor, se quiser, pode vir ver com seus próprios olhos. Venha encontrar-me no topo dessa colina de manhãzinha, antes de o sol nascer.

Assim fez o rei. Os dois se encontraram e se sentaram no topo da colina, em silêncio. Os olhos do rei não podiam crer na beleza do espetáculo que se podia admirar do alto. Tudo se transformara num dourado que ficava cada segundo mais radiante.

— Agora entendo. Sua riqueza é essa liberdade, esse contato direto com a natureza. Eu que sou o rei e que vivo todos os dias dentro do meu castelo com empregados, políticos e **aduladores** não tenho isso. Obrigado por ser generoso e compartilhar esse tesouro comigo — disse o rei, que a partir de então passou a acompanhar o homem todos os dias na colina.

Histórias de valor, de Kátia Canton. São Paulo: WMF Martins Fontes, 2008.

Ilustra Cartoon/Arquivo da editora

aduladores: que elogiam em excesso; bajuladores.

súdito: aquele que deve obediência a alguém. É usado geralmente em relação a habitante de um país governado por rei, imperador, etc.

Por dentro do texto

1 Quem são os personagens do conto?

....

2 O texto trata, principalmente:

○ da bondade de um rei.

○ da preocupação de um rei em ajudar os pobres.

○ de um rei enganado.

○ do homem mais pobre do mundo.

3 As atitudes do rei mostravam que ele era uma pessoa:

○ generosa.　　　　○ preguiçosa.　　　　○ ambiciosa.

4 Muitos abusavam da generosidade do rei e o enganavam. Por que as pessoas agiam dessa forma?

....

....

5 Que decisão tomou o rei para não ser mais enganado?

....

....

6 Onde o súdito do rei encontrou o homem mais pobre do mundo?

....

7 Como o súdito o descreveu ao rei?

....

....

8 Releia este trecho:

> "— Mas eu não sou pobre, senhor. Sei transformar a terra em ouro."

a) Quem disse essas palavras?

....

b) Para quem?

....

9 Qual é, na opinião do rei, a maior riqueza do velho homem que vivia no alto da colina?

◯ O ouro que extraía da terra.

◯ O contato direto com a natureza.

10 Veja os significados de **generoso**, retirados do dicionário:

> **generoso** (ô) *adj.* **1.** Que gosta de dar; pródigo. **2.** Que perdoa facilmen-
> te. **3.** Magnânimo.
>
> > **Minidicionário Aurélio: o minidicionário da língua portuguesa**,
> > de Aurélio Buarque de Holanda Ferreira. Curitiba: Positivo, 2008.

a) Veja agora os significados de **compartilhar**:

> **compartilhar** *v.t.d.*, *t.i.* e *t.d.i.* Ter ou tomar parte em; participar de;
> compartir, partilhar.
>
> > **Minidicionário Aurélio: o minidicionário da língua portuguesa**,
> > de Aurélio Buarque de Holanda Ferreira. Curitiba: Positivo, 2008.

b) Agora releia este trecho e explique o sentido das palavras destacadas.

> "Obrigado por ser **generoso** e **compartilhar** esse tesouro comigo".

....

....

11 Qual é, em sua opinião, o ensinamento desse conto?

Aprendendo gramática

● Graus do adjetivo

Leia as frases abaixo e observe o que está em destaque.

> O velho era tão **pobre** quanto o súdito.
>
> O rei era mais **rico** que o súdito e o velho.
>
> O súdito é menos **rico** que o rei.

As palavras **rico** e **pobre** são adjetivos. Com o adjetivo podemos comparar as características de dois ou mais substantivos e também indicar a intensidade da característica de um só substantivo.

Nas frases acima, temos o **grau comparativo do adjetivo**.

Observe o quadro abaixo.

Grau comparativo		
de igualdade	de superioridade	de inferioridade
tão pobre quanto	mais rico que	menos rico que

Os adjetivos **bom**, **mau**, **grande** e **pequeno** possuem formas especiais para o comparativo de superioridade.

Veja.

bom → melhor	Este livro é **melhor** que aquele.
mau → pior	O filme de hoje foi **pior** que o de ontem.
grande → maior	Artur é **maior** que seu irmão.
pequeno → menor	A Lua é **menor** que a Terra.

Leia mais esta informação.

EU SOU **MUITO RICO**.
EU SOU **RIQUÍSSIMO**.

Ilustra Cartoon/Arquivo da editora

Em **muito rico** ou **riquíssimo**, o adjetivo **rico** é elevado ao seu mais alto grau. Ele está no grau **superlativo absoluto** que, por sua vez, pode ser **absoluto analítico** ou **absoluto sintético**.

Grau superlativo	
absoluto analítico	absoluto sintético
usamos mais de uma palavra: **muito rico**	usamos uma só palavra: **riquíssimo**

1 Complete as frases de acordo com o comparativo pedido.

igualdade

a) Ângela é _____ estudiosa _____ Lúcia.

b) Sua bicicleta é _____ bonita _____ a minha.

superioridade

c) Aquela professora é _____ calma _____ esta.

inferioridade

d) O gato é _____ caseiro _____ o cão.

2 Empregue os adjetivos entre parênteses no comparativo de superioridade.

a) A Lua é .... que o Sol. (pequeno)

b) A paz é .... que a violência. (bom)

c) Meu pedaço de bolo é .... que o seu. (grande)

d) Este computador novo é .... do que o antigo. (mau)

3 Reescreva as frases usando os adjetivos no grau superlativo absoluto analítico e absoluto sintético. Exemplo:

> O menino é **feliz**.
> O menino é **muito feliz**.
> O menino é **felicíssimo**.

a) O rapaz é bom.

....

....

b) Minha casa é simples.

....

....

4 Numere a segunda coluna de acordo com o grau em que o adjetivo foi empregado em cada frase.

1 grau comparativo de igualdade

2 grau comparativo de inferioridade

3 grau comparativo de superioridade

4 grau superlativo

( ) O elefante é maior do que o leão.

( ) Renato é menos forte do que André.

( ) Minha turma é muito animada.

( ) O cão é tão manso quanto o gato.

( ) Brincar com fogo é perigosíssimo.

( ) A casa de vovó é maior que a nossa.

Texto 2 – O homem mais rico do mundo

Locução adjetiva

Leia:

O súdito obedecia às <u>ordens</u> **do rei.**

- substantivo
- locução adjetiva

O súdito obedecia às <u>ordens</u> **reais.**

- substantivo
- adjetivo

As expressões **do rei** e **real** têm o mesmo valor de um adjetivo.

> **Locução adjetiva** é a união de duas ou mais palavras que equivalem a um adjetivo.

As locuções adjetivas geralmente são formadas por:

- uma preposição e um substantivo

  dente **de cão** → dente **canino**

- uma preposição e um advérbio

  pneus **de trás** → pneus **traseiros**

1 Reescreva as frases, substituindo as expressões em destaque por adjetivos de sentido equivalente.

a) O sono **da noite** renova nossas energias.

....

b) Entrei na loja que vende roupas **de criança**.

....

c) Fiz uma viagem **por mar**.

....

d) Júlio viu o eclipse **da Lua**.

....

2 Escreva uma frase usando adjetivos de sentido equivalente.

a) de circo

....

b) da cidade

....

c) de irmão

....

d) de mãe

....

e) do mês

....

f) de coragem

....

3 Relacione a locução adjetiva ao adjetivo correspondente. Consulte um dicionário para procurar o significado das palavras desconhecidas.

Ⓐ de boi   ◯ urbano

Ⓑ de anjo   ◯ capilar

Ⓒ de chuva   ◯ bovino

Ⓓ de rio   ◯ bucal

Ⓔ de boca   ◯ rural

Ⓕ de vento   ◯ angelical

Ⓖ de cabelo   ◯ fluvial

Ⓗ de abelha   ◯ eólico

Ⓘ de cidade   ◯ pluvial

Ⓙ de campo   ◯ apícola

Escrevendo certo

● Encontro consonantal

Releia este trecho do texto e observe a palavra destacada.

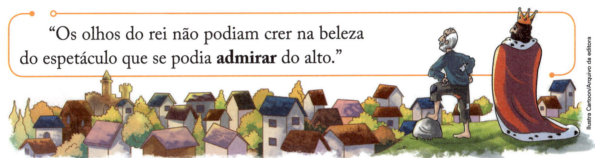

"Os olhos do rei não podiam crer na beleza do espetáculo que se podia **admirar** do alto."

Ilustra Cartoon/Arquivo da editora

Na palavra **admirar**, as consoantes **dm** formam um **encontro consonantal**. Na divisão silábica, elas ficam separadas, pois pertencem a sílabas diferentes.

Quando esses encontros consonantais aparecem no início da palavra, eles são inseparáveis. Exemplos: **pn**eu-mo-ni-a, **gn**o-mo.

1 Leia as palavras e separe as sílabas.

capturar .... subterrâneo ....

objeto .... helicóptero ....

signo .... réptil ....

2 Leia as definições e escreva a palavra correspondente.

a) Camada de gases que envolve a Terra. ....

b) Obscurecimento de um corpo celeste por outro. Exemplo: o Sol sobre a Lua. ....

c) Profissional formado em Direito. ....

d) Desapontamento, desilusão. ....

e) Pasta incandescente situada a grande profundidade da superfície terrestre. ....

f) Honrado. ....

 De raminho em raminho, o passarinho faz o ninho.

 O que os olhos não veem, o coração não sente.

 Mais vale um pássaro na mão do que dois voando.

Quem semeia vento colhe tempestade.

 Casa de ferreiro, espeto de pau.

 A mentira tem perna curta.

 Quando um não quer, dois não brigam.

 Macaco velho não pula em galho seco.

Provérbios populares

Ilustrações: Ilustra Cartoon/Arquivo da editora

1 Escolha um dos provérbios que você leu e explique o significado dele.

2 Assinale a alternativa com a melhor definição do que são provérbios.

◯ São ensinamentos difíceis de compreender que só podem ser encontrados em livros.

◯ São instruções detalhadas do que deve ser feito em vários momentos da vida.

◯ São frases breves com máximas que são transmitidas oralmente de geração a geração.

3 Leia os provérbios abaixo e escreva, para cada um deles, um provérbio da página anterior que tenha significado semelhante.

a) De grão em grão, a galinha enche o papo.

....

b) Gato escaldado tem medo de água fria.

....

4 Leia a fala do menino e complete o balão com o provérbio mais apropriado à situação.

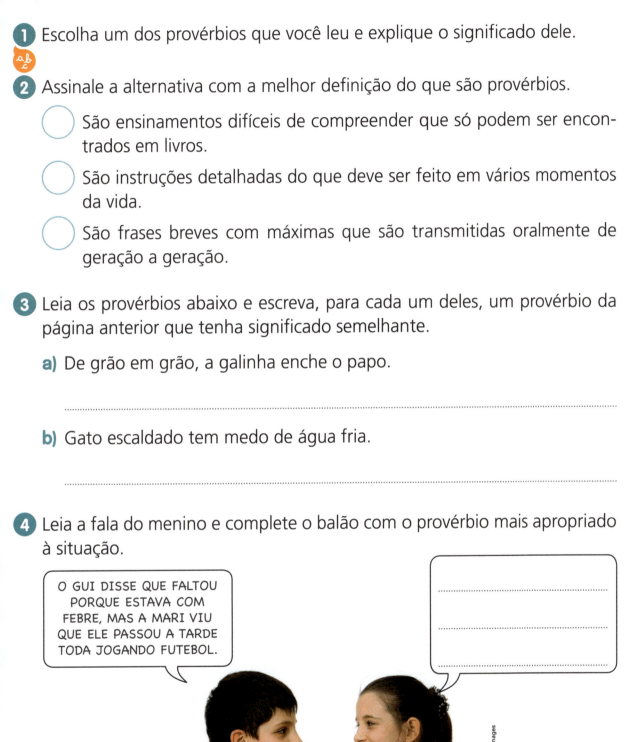

O GUI DISSE QUE FALTOU PORQUE ESTAVA COM FEBRE, MAS A MARI VIU QUE ELE PASSOU A TARDE TODA JOGANDO FUTEBOL.

Aprendendo gramática

● Numeral

Leia o provérbio e observe as palavras destacadas.

> Mais vale **um** pássaro na mão do que **dois** voando.

Um e **dois** são **numerais**.

> **Numeral** é a palavra que indica quantidade de seres ou posições em uma série.

O numeral pode ser:

- ○ **cardinal**: indica quantidade. Exemplos: **um**, **dois**, **três**, etc.
- ○ **ordinal**: indica ordem. Exemplos: **primeiro**, **segundo**, **terceiro**, etc.
- ○ **multiplicativo**: indica multiplicação de quantidade. Exemplos: **dobro**, **triplo**, **quádruplo**, etc.
- ○ **fracionário**: indica divisão de quantidades. Exemplos: **metade**, **um terço**, **um quarto**, etc.

Conheça alguns numerais.

Cardinal	Ordinal	Fracionário	Multiplicativo
cem	centésimo	centésimo	cêntuplo
cento e um	centésimo primeiro	cento e um avos	—
duzentos	ducentésimo	duzentos avos	—
trezentos	trecentésimo	trezentos avos	—
quatrocentos	quadringentésimo	quatrocentos avos	—
quinhentos	quingentésimo	quinhentos avos	—
seiscentos	sexcentésimo	seiscentos avos	—
setecentos	septingentésimo	setecentos avos	—
oitocentos	octingentésimo	oitocentos avos	—
novecentos	nongentésimo	novecentos avos	—
mil	milésimo	milésimo	—

Ilustra Cartoon/
Arquivo da editora

1 Complete as frases abaixo, fazendo a concordância. Veja o exemplo.

> Ela é a **segunda** da fila.
> Ele é o **segundo** da fila.

a) Maria foi a **oitava** colocada no concurso de poesia.

José foi o .... colocado no concurso de poesia.

b) O evento durou **meio** dia.

O evento durou .... hora.

2 Circule os numerais no trecho a seguir. Depois, copie-os e classifique-os.

> Setembro é o nono mês do ano.
> Tem trinta dias. Seu nome vem de *September*, que faz referência ao número sete, pois era o sétimo mês do calendário romano.
>
> **Almanaque Ruth Rocha**, de Ruth Rocha. São Paulo: Ática, 2004.

....

....

3 Copie o trecho, escrevendo os numerais por extenso.

> A comemoração reuniu mais de 1 200 pessoas. Para chegar ao local, elas tiveram de percorrer mais de 1 quilômetro. Na 1ª parte da festa, a orquestra sinfônica da cidade tocou durante 1 hora e 50 minutos.

....

....

....

....

Escrevendo certo

li, lh

Você gosta de provérbios?

> **Cecília** gostou muito de um provérbio que diz assim: "O bom **filho** a casa torna".

O som de **li** em **Cecília** é parecido com o som do dígrafo **lh** em **filho**. Notamos, então, que nem sempre as palavras são escritas da forma que as pronunciamos. Por isso, ao escrever, tenha cuidado para não trocar o **lh** por **li** ou vice-versa.

1 Complete os provérbios com as palavras que estão faltando. **Dica**: As palavras têm **lh** ou **li**.

a) De grão em grão a .... enche o papo.

b) O que os .... não veem, o coração não sente.

c) Cada macaco no seu ....

d) .... prevenir do que remediar.

e) Quem tem .... de vidro, não joga pedra no do vizinho.

2 Complete as palavras com **lh** ou **li**. Se precisar, consulte um dicionário.

ladri............o	entu............o	Emí............a	auxi............ar
pa............aço	famí............a	sandá............a	pi............a
pasti............a	reta............o	coe............o	ervi............a
afi............ado	utensí............o	embru............o	ma............a

3 O professor vai ditar as palavras que completam as frases. Preste atenção e escreva-as corretamente.

a) Uma senhora pediu .... para atravessar a rua.

b) .... lavou todos os ....

c) .... brincava em meio às .... do quintal.

d) Eu não sabia que .... é o mesmo que pestana.

e) O mês de .... tem 31 dias.

4 Complete a cruzadinha com as respostas das adivinhas.
   1. Som alto; estrondo.
   2. Calçado com tiras que prendem o pé à sola.
   3. Os móveis de uma casa.
   4. Órgão da audição.
   5. O mesmo que buquê.
   6. Extensão de terra cercada de água por todos os lados.

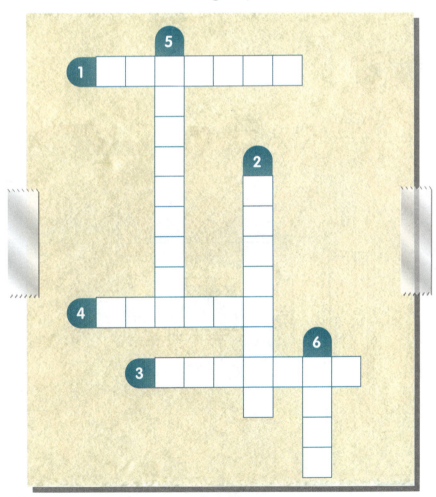

Dize-me com quem andas...

Ia um viajante por uma estrada, quando chegou a uma pequena cidade desconhecida.

À entrada da cidade estava sentado um velho, meditando. O viajante o **abordou**, dizendo:

— Estou vindo de muito longe, procurando um novo lugar para morar. O senhor que parece ter tanta experiência, diga-me: como são os habitantes desta cidade?

— Responda-me primeiro uma coisa, meu filho: como eram os habitantes da sua cidade?

— Bem, não eram pessoas agradáveis — queixou-se o **forasteiro**. — Eram invejosas, mesquinhas e estúpidas.

— Sinto muito — tornou o velho —, mas infelizmente aqui você só encontrará pessoas exatamente iguais às que descreveu: invejosas, mesquinhas e estúpidas.

O viajante, decepcionado, ajeitou a mochila às costas e foi embora.

Ilustra Cartoon/Arquivo da editora

Dali a pouco chegou um outro viajante, que fez ao velho a mesma pergunta. Este tornou a **indagar**:

— E como eram as pessoas de sua cidade?

— Ah, eram pessoas muito amáveis — explicou o homem —, em geral bondosas, generosas e educadas.

— Então, seja bem-vindo! — respondeu o velho filósofo, abrindo um sorriso. — Pois saiba que as pessoas aqui são exatamente assim: bondosas, generosas e educadas.

O homem que contava histórias, de Rosane Pamplona. São Paulo: Brinque-Book, 2005.

abordou: aproximou-se de alguém, dirigindo-lhe a palavra.

forasteiro: quem é de fora; estrangeiro.

indagar: perguntar.

Por dentro do texto

1 O narrador desse conto participa da história ou apenas conta o que observa?

....

2 Quem vivencia os acontecimentos de uma história são os personagens. Quem são os personagens desse conto?

....

3 Onde se passam os acontecimentos desse conto?

....

4 Releia este trecho:

"— Responda-me primeiro uma coisa, meu filho: como eram os habitantes da sua cidade?"

○ Essa pergunta foi feita pelo velho aos dois viajantes. Escreva o que respondeu:

a) o primeiro viajante:

....

b) o segundo viajante:

....

5 Os dois viajantes procuravam um novo lugar para morar. Em sua opinião, qual teria sido o motivo do:

a) primeiro viajante?

....

b) segundo viajante?

....

Texto 4 – Dize-me com quem andas...

6 Em sua opinião, qual dos dois viajantes tinha uma boa relação com os habitantes da cidade onde morava? Por quê?

....

....

....

7 A história que você leu originou-se do provérbio "Dize-me com quem andas e te direi quem és". Que relação você vê entre a maneira como cada viajante descreveu sua cidade e o provérbio? Converse com os colegas e depois escreva nas linhas abaixo a conclusão da turma.

....

....

....

....

8 Observe as cenas e assinale a que representa o seguinte trecho da história:

"À entrada da cidade estava sentado um velho, meditando."

Ilustra Cartoon/Arquivo da editora

Aprendendo gramática

● Pronomes pessoais

Leia as frases e observe as palavras destacadas.

> O primeiro viajante perguntou ao velho o que **ele** achava dos habitantes da cidade.
>
> O velho **o** decepcionou dizendo que ali só encontraria gente egoísta.

A palavra **ele** substitui o substantivo **velho**. A palavra **o** substitui o substantivo **viajante**. As palavras **ele** e **o** são chamadas de **pronomes**.

> **Pronomes** são palavras que acompanham ou substituem os substantivos.

Agora, observe o diálogo.

EU AINDA NÃO TERMINEI A ATIVIDADE. **TU** JÁ A TERMINASTE?

EU NÃO, MAS O TIAGO JÁ. **ELE** DISSE QUE É MUITO FÁCIL.

Ilustra Cartoon/Arquivo da editora

Eu, **tu** e **ele** são chamados de **pronomes pessoais**.

Os pronomes pessoais indicam três pessoas gramaticais: primeira, segunda e terceira do singular e do plural.

Eu e **nós** indicam a pessoa que fala.

Tu e **vós** (**você** e **vocês**) indicam a pessoa com quem se fala.

Ele/ela, **eles/elas** indicam a pessoa de quem se fala.

Os pronomes pessoais são divididos em três grupos:

- do caso reto
- do caso oblíquo
- de tratamento

	Pronomes pessoais	
	do caso reto	do caso oblíquo
1ª pessoa do singular	eu	me, mim, comigo
2ª pessoa do singular	tu	te, ti, contigo
3ª pessoa do singular	ele, ela	o, a, lhe, se, si, consigo
1ª pessoa do plural	nós	nos, conosco
2ª pessoa do plural	vós	vos, convosco
3ª pessoa do plural	eles, elas	os, as, lhes, se, si, consigo

Os pronomes pessoais oblíquos **o**, **a**, **os**, **as** têm também as formas **lo**, **la**, **los**, **las** e **no**, **na**, **nos**, **nas**.

Observe alguns exemplos de emprego dessas formas:

Vou buscar o **caderno**. → Vou buscá-**lo**.

As crianças estudam **a lição**. → As crianças **estudam-na**.

1 Leia o trecho abaixo e complete o quadro.

Tiago e Vítor discutiam sobre quem era o mais veloz. **Eles** apostaram entre **si** para ver quem faria, em menos tempo, um determinado percurso a pé.

Quando a corrida terminou, Tiago surpreendeu-**se** com o desempenho e a atitude de Vítor que, mesmo tendo vencido, **o** parabenizou. **Ele** portou-**se** como um verdadeiro campeão.

Pronomes	Substantivos a que se referem
eles	
si	
se	
o	
ele	
se	

2 Complete corretamente as frases com os pronomes pessoais do quadro.

| te | mim | conosco | se | nos | me |

a) Você vai à festa ....?

b) Desculpe, eu não .... lembrei do seu aniversário.

c) Tu já .... penteaste hoje?

d) Nós .... encontramos por acaso.

e) Ligue para .... quando precisar de ajuda.

f) Elas nunca mais .... falaram.

3 Complete as frases com os pronomes **lhes** ou **las**.

a) Vou comprar **as maçãs** no mercado.

Vou comprá-........................ no mercado.

b) O professor pediu **aos alunos** que entrassem na sala.

O professor pediu-........................ que entrassem na sala.

c) O guarda mostrou **aos pedestres** o sinal vermelho.

O guarda mostrou-........................ o sinal vermelho.

4 Reescreva as frases, substituindo os artigos e os substantivos destacados por pronomes. Veja o exemplo.

> As professoras entregaram **as provas** aos alunos.
> As professoras entregaram-**nas** aos alunos.

a) Os meninos parabenizaram **a amiga** na festa.

....

b) Os filhos entregaram **o presente** ao pai.

....

c) Marta e sua irmã compraram **as roupas** na loja.

....

Empregamos pronomes chamados **pronomes de tratamento** quando nos dirigimos às pessoas. Veja.

Pronomes de tratamento	
Você (V.)	no tratamento familiar
Senhor (Sr.)/Senhora (Sra.)	no tratamento de respeito
Senhorita (Srta.)	no tratamento a moças solteiras
Vossa Senhoria (V. Sa.)	no tratamento a pessoas de cerimônia, principalmente na correspondência comercial
Vossa Excelência (V. Exa.)	no tratamento a altas autoridades
Meritíssimo (M. M.)	no tratamento a juízes
Vossa Reverendíssima (V. Revma.)	no tratamento a sacerdotes
Vossa Eminência (V. Ema.)	no tratamento a cardeais
Vossa Santidade (V. S.)	no tratamento ao papa
Vossa Majestade (V. M.)	no tratamento a reis e rainhas
Vossa Majestade Imperial (V. M. I.)	no tratamento a imperadores
Vossa Alteza (V. A.)	no tratamento a príncipes, princesas e duques

A forma **Vossa** antes do título é utilizada quando nos dirigimos diretamente à pessoa a quem se refere o pronome. Exemplo: Vossa Majestade deseja sair?
A forma **Sua** antes do título é utilizada quando falamos dessa pessoa. Exemplo: Sua Majestade disse que deseja sair.

5 Reescreva as frases, substituindo as palavras destacadas pelo pronome de tratamento correspondente.

a) **O prefeito** compareceu à inauguração da biblioteca.

....

b) **O papa** visitou vários países.

....

c) **Dona Vera** completou oitenta anos.

....

Unidade 3

Escrevendo certo

mal, mau

Leia o diálogo e observe as palavras destacadas.

> O SEU CHUTE ESTÁ ÓTIMO! NOSSO TIME NÃO ESTÁ **MAL** NO CAMPEONATO.

> OBRIGADO! NÃO TEMOS NENHUM **MAU** JOGADOR NO NOSSO TIME.

Jonatan Fernstrom/Getty Images

Mal é um **advérbio**; indica modo.

> Usamos a palavra **mal** quando ela se refere a um verbo.
>
> O antônimo de **mal** é **bem**.
>
> O time vai **mal**. → O time vai **bem**.

Mau é um **adjetivo**; está caracterizando um substantivo.

> Usamos a palavra **mau** quando ela se refere a um substantivo.
>
> O antônimo de **mau** é **bom**.
>
> **mau** jogador → **bom** jogador

1 Reescreva as frases no caderno, substituindo as palavras destacadas por seu antônimo.

a) Hoje a turma se comportou **bem**.

b) Mauro foi **bem** na primeira prova.

c) Rubens é um **bom** advogado.

d) Seu amigo tem **bom** caráter.

2 Complete as frases com **mal** ou **mau**.

a) O conserto do carro foi .... feito.

b) Eu não sou um .... aluno.

c) Ele .... chegou e já saiu?

d) Acordei de .... humor.

e) Passei .... ao saber do .... resultado de minha avaliação.

f) A cliente daquela loja reclamou por ter sido .... atendida.

g) Sempre soube que ele não tinha .... caráter.

3 Reescreva as frases substituindo as palavras destacadas por **bem** ou **bom**.

a) O time jogou **mal** porque teve um **mau** treinador.

....

b) Eu me senti **mal** ao entrar no salão.

....

c) Não cozinho tão **mal** quanto você.

....

d) Tive um **mau** pressentimento esta manhã.

....

4 Escreva frases com o antônimo das seguintes expressões:

mau aluno   mal-educado

....

....

....

....

O lobo e o cão

Uma boa caçada há muito tempo o lobo não fazia. Andava o pobre coitado com uma fome danada. Estava magro, era pele e osso.

Certo dia, encontrou um cão e reparou como ele estava gordo, com o pelo liso, brilhando, uma beleza!

— Este cão — pensou o lobo — goza de boa saúde. Pode-se notar que o animal está bem nutrido, forte como quê. Hum!... Ele daria um excelente jantar...

Mas logo, logo o lobo mudou de ideia, do jeito que andava fraco, podia acontecer que ele próprio virasse o jantar do outro.

Assim, entre a fome e a morte, escolheu ficar com a fome. E com o rabo entre as pernas, em vez de atacar, resolveu agradar o cão. Tinha a esperança de ganhar a sua confiança, e quem sabe o que aconteceria então?

Com muito jeito, com uma voz calma e doce, o lobo começou a elogiar o cão:

— Olha, seu cão, que o senhor com este pelo até parece um leão.

E o cão, que era vaidoso, ficou manso, bem manso, e se pôs a prosear. Conversa vai, conversa vem, resolveu convencer o amigo a trocar a vida de lobo caçador pela vida de cão.

— Pois saiba, amigo lobo, que é uma vida saudável: almoço todos os dias, regularmente. É uma vida decente, gozo de muito prestígio, de grande admiração. Sou, de fato, um cidadão importante. Mude de vida, amigo. Não pense duas vezes, venha comigo!

O lobo escutava atento, analisava a questão. E o cão disse ainda mais:

— Vou levá-lo ao patrão. Daqui por diante, terá comida na hora certa e cama quente. Em troca, você só terá que agradar às pessoas que nos vão sustentar.

Ora! Eram tantas as vantagens que o lobo não hesitou. E, sentindo uma terrível fome, olhou mais uma vez para o pelo do cão, que brilhava, e decidiu:

— Eu vou!

Lá se foram os dois, caminho afora, em direção à cidade. De repente, o lobo notou que em volta do pescoço o cão era pelado.

— Amigo, o que é isso? — perguntou intrigado.

— Nada, nada, meu caro. É apenas a marca da coleira que usam para me prender.

— Coleira? — falou o lobo horrorizado. — Mas... Como?! Você não é livre como eu? Não corre a mata inteira a qualquer hora?

E o cão respondeu:

— Não, não. Mas que importância tem isso? Afinal, eu vivo bem. Sou respeitado por todos e não sou magro como um caniço. Por que me importar com a liberdade se tenho sempre um bom pernil?

— Amigo, muito obrigado — disse o lobo. — Não quero nem saber dessa sua vida de cão. — E voltou para a floresta, certo de que não havia jantar que pagasse sua liberdade. Lá de longe, antes de desaparecer entre as árvores, ele gritou:

— Dê lembranças ao patrão.

Fábulas 1, de Mary França. São Paulo: Ática, 2004.

caniço: cana fina; vara de pescar.
prosear: conversar.

Por dentro do texto

1 Leia a referência do texto. De acordo com ela, é possível afirmar que o texto que você leu é:

○ uma reportagem.   ○ uma fábula.   ○ um conto de fadas.

2 No texto, o autor quis enfatizar:

○ o valor da liberdade.

○ a beleza do cão e a feiúra do lobo.

○ a vida saudável do cão.

3 A qual personagem se referem as atitudes e as situações descritas abaixo?

a) Vivia solto pela mata e não tinha o que comer. ....

b) Estava gordo e bem alimentado. ....

c) Lutava para sobreviver, mas prezava sua liberdade. ....

d) Recebia comida e abrigo, mas não tinha liberdade. ....

4 Por que o lobo pensou em aceitar o convite?

....

....

5 Que motivo o lobo apresentou para desistir do convite do cão?

....

....

6 Que pista levou o lobo a descobrir que o cão não tinha a mesma liberdade que ele?

....

Texto 5 – O lobo e o cão

7 Assinale o ensinamento — a moral — da fábula.

○ É preferível melhorar de vida do que ter liberdade.

○ A liberdade, mesmo que na miséria, é melhor que o conforto em uma prisão.

○ A vida de cão é melhor que a vida de lobo.

8 Veja os significados da palavra **fábula** no dicionário.

> **fábula** s.*f.* **1.** curta narrativa, em prosa ou verso, com personagens animais que agem como seres humanos, e que ilustra um preceito moral. **2.** grande quantia em dinheiro. **3.** mito.
>
> **Dicionário eletrônico Houaiss da Língua Portuguesa**. Versão 2009.3. Rio de Janeiro: Objetiva, 2009.

a) Qual dos significados acima se aplica ao texto **O lobo e o cão**?

....

b) Assinale a alternativa que corresponde ao significado da palavra **fábula** nesta frase:

> Aquele carro custou uma **fábula**.

○ mito, ficção   ○ preço muito alto

9 O que você achou da atitude do lobo? Você concorda com ele ou com o cão? Escreva nas linhas abaixo. Depois converse com os colegas para saber a opinião deles.

....

....

....

....

....

....

Aprendendo gramática

- ## Pronome possessivo, pronome demonstrativo e pronome indefinido

Observe:

"— Amigo, muito obrigado — disse o lobo. — Não quero nem saber dessa **sua** vida de cão."

Ilustra Cartoon/Arquivo da editora

A palavra **sua** é um **pronome possessivo**.

Pronome possessivo é aquele que se refere a um ser (o substantivo), dando ideia de posse.

Veja os pronomes possessivos.

Pessoa	Singular		Plural	
	Masculino	Feminino	Masculino	Feminino
1ª (eu)	meu	minha	meus	minhas
2ª (tu)	teu	tua	teus	tuas
3ª (ele, ela)	seu	sua	seus	suas
1ª (nós)	nosso	nossa	nossos	nossas
2ª (vós)	vosso	vossa	vossos	vossas
3ª (eles, elas)	seu	sua	seus	suas

Muitas vezes substituímos **seu**, **sua**, **seus**, **suas** por **dele**, **dela**, **deles**, **delas** e **de vocês**.

Observe.

AQUELA MENINA É NOSSA AMIGA.

A palavra **aquela** é um **pronome demonstrativo**.

Os **pronomes demonstrativos** indicam a posição de um ser em relação à pessoa que fala e à pessoa que ouve.

Veja os pronomes demonstrativos.

Pessoa	Variáveis	Invariáveis	Indicam
1ª	este, esta, estes, estas	isto	o que está próximo do falante (isto aqui, este aqui)
2ª	esse, essa, esses, essas	isso	o que está próximo do ouvinte (isso aí, esse aí)
3ª	aquele, aquela, aqueles, aquelas	aquilo	o que está distante do falante e do ouvinte (aquilo lá, aquele lá)

Observe esta outra frase:

VAMOS PROCURAR **ALGUMAS** NOTÍCIAS NO JORNAL.

A palavra **algumas** refere-se ao substantivo **notícias** dando uma ideia vaga, indefinida. Não nos informa ao certo quantas e quais notícias serão procuradas no jornal. **Algumas** é um **pronome indefinido**.

Pronome indefinido é aquele que se refere ao substantivo dando uma ideia vaga, imprecisa, genérica.

Veja os principais pronomes indefinidos.

Variáveis				Invariáveis
Singular		Plural		
Masculino	Feminino	Masculino	Feminino	
algum	alguma	alguns	algumas	algo
nenhum	nenhuma	nenhuns	nenhumas	alguém
todo	toda	todos	todas	ninguém
outro	outra	outros	outras	outrem
muito	muita	muitos	muitas	tudo
pouco	pouca	poucos	poucas	nada
certo	certa	certos	certas	cada
vário	vária	vários	várias	

Algumas palavras, juntas, equivalem a um pronome indefinido. Esses grupos constituem as **locuções pronominais indefinidas**. Veja alguns exemplos:

Cada um sabe de si.

Todos os vestidos são discretos.

Qualquer um está bom para a festa.

Um ou outro entregará a encomenda ao cliente.

1 Complete as frases com um pronome possessivo.

a) Eu levo .... malas.

b) Tu achaste .... lápis?

c) Nós estudamos .... lição.

d) Recebi ajuda de .... amiga.

e) Cuidamos bem de .... cadernos, por isso estão conservados.

f) Como está .... mãe? E .... pai?

g) Você usa muito .... lápis?

2 Observe as cenas e complete as falas com os pronomes demonstrativos do quadro.

aquelas   estas   essas

EU ESTAVA AJUDANDO .... CRIANÇAS COM A LIÇÃO.

EU ESTAVA AJUDANDO .... CRIANÇAS COM A LIÇÃO.

EU ESTAVA AJUDANDO .... CRIANÇAS COM A LIÇÃO.

Ilustrações: Ilustra Cartoon/Arquivo da editora

3 Leia as frases e assinale as alternativas corretas.

a) Este dinheiro é meu. O **seu** você já gastou.

b) Aquele livro é de **alguém**? Ele se parece com o **meu**.

○ **Este**, **seu** e **meu** são pronomes demonstrativos.

○ **Alguém** é pronome indefinido.

○ **Meu** e **aquele** são pronomes possessivos.

○ **Aquele** e **este** são pronomes demonstrativos.

4 Complete as frases com os pronomes demonstrativos corretos.

_____ livro que está aqui é meu; _____ que está aí perto de você é seu. _____ que está lá no armário é do professor.

5 Complete as frases com palavras de sentido oposto ao da palavra destacada.

a) Quem _____ quer, **nada** tem.

b) **Ninguém** se oferece? Preciso de _____ para me ajudar.

c) Tenho **muitas** revistas, mas _____ livros.

o Como são classificadas as palavras destacadas e as que você escreveu?

_____

6 Circule os pronomes indefinidos e as locuções pronominais indefinidas.

a) Comprei alguns livros para dar a cada uma das crianças.

b) Todos viajaram.

c) Vários alunos faltaram hoje, cada qual por um motivo.

d) Poucas pessoas gostaram do filme.

7 Copie os pronomes das frases e classifique-os. Veja o exemplo:

a) Ela levava muitos brinquedos a seus netos.

ela — pronome pessoal do caso reto (3ª pessoa do singular)

muitos — pronome indefinido

seus — pronome possessivo (3ª pessoa do plural)

b) Alguém deixou este caderno aqui.

_____

_____

c) Aquela caneta me pertence.

_____

_____

Escrevendo certo

● Abreviaturas e siglas

Cecília escreveu um bilhete e usou algumas **abreviaturas**. Veja ao lado.

Bibl. é a abreviatura da palavra **biblioteca**; **Av.**, da palavra **avenida**; e **Mat.**, da palavra **Matemática**.

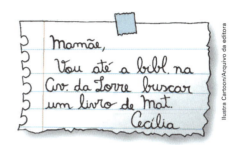

Mamãe,
Vou até a bibl. na Av. da Torre buscar um livro de Mat.
Cecília

Ilustra Cartoon/Arquivo da editora

> **Abreviatura** é a redução da escrita de uma palavra ou de uma expressão, sem prejudicar a sua compreensão.

Conheça algumas abreviaturas.

adj.	→ adjetivo	h	→ hora(s)	
Cia.	→ companhia	hab.	→ habitante(s)	
depto.	→ departamento	kg	→ quilograma(s)	
dr.	→ doutor	km	→ quilômetro(s)	
educ.	→ educação	pág.	→ página(s)	
ex.	→ exemplo	port.	→ português	
geogr.	→ geografia	prof.	→ professor	
Gov.	→ Governo	R.	→ rua	
gram.	→ gramática	séc.	→ século	

As abreviaturas são muito utilizadas em correios eletrônicos, os *e-mails*, e para enviar mensagens instantâneas pela internet. Conheça a seguir algumas delas.

vc	→ você
tc	→ teclar
tb	→ também
qq	→ qualquer

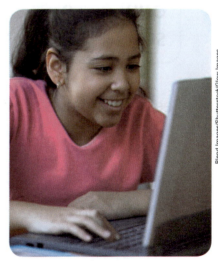

Blend Images/Shutterstock/Glow Images

Há um tipo especial de abreviaturas: as **siglas**.

As siglas são formadas:

o pelas letras iniciais maiúsculas das palavras que compõem determinado nome:

> **AM** → **Am**azonas

o ou pelas sílabas ou letras iniciais que formam um nome:

> **CEP** → **C**ódigo de **E**ndereçamento **P**ostal

Conheça outras siglas:

> **ABL** → **A**cademia **B**rasileira de **L**etras
> **DDD** → **D**iscagem **D**ireta a **D**istância
> **UFRJ** → **U**niversidade **F**ederal do **R**io de **J**aneiro
> **IBGE** → **I**nstituto **B**rasileiro de **G**eografia e **E**statística
> **ONU** → **O**rganização das **N**ações **U**nidas
> **SUS** → **S**istema **Ú**nico de **S**aúde

1 Reescreva as frases substituindo as abreviaturas pelos nomes correspondentes.

a) Marisa sai da escola às 5**h**30**min** e vai a pé para casa.

....

b) A **prof.** de Clarice mora na **R.** Príncipe, a 3 **m** da escola.

....

As abreviaturas das unidades de medidas e de tempo não têm ponto-final nem têm plural.

3h (3 horas)   5 km (5 quilômetros)   20 kg (vinte quilogramas)

2 Observe as siglas e escreva o nome dos estados brasileiros correspondentes. Se necessário, consulte um mapa do Brasil.

AC: .... PB: ....

AL: .... PR: ....

AP: .... PE: ....

AM: .... PI: ....

BA: .... RJ: ....

CE: .... RN: ....

ES: .... RS: ....

GO: .... RO: ....

MA: .... RR: ....

MT: .... SC: ....

MS: .... SP: ....

MG: .... SE: ....

PA: .... TO: ....

3 Observe o quadro e copie a sigla correspondente ao nome.

ONG   OMS   Ibope   Funai

a) Fundação Nacional do Índio: ....

b) Organização Mundial da Saúde: ....

c) Organização Não Governamental: ....

d) Instituto Brasileiro de Opinião Pública e Estatística: ....

A cigarra e as formigas

I — A formiga boa

Houve uma jovem cigarra que tinha o costume de chiar ao pé de um formigueiro. Só parava quando cansadinha; e seu divertimento então era observar as formigas na eterna **faina** de abastecer as **tulhas**.

Mas o bom tempo afinal passou e vieram as chuvas. Os animais todos, arrepiados, passavam o dia cochilando nas tocas.

A pobre cigarra, sem abrigo em seu galhinho seco e metida em grandes apuros, **deliberou** socorrer-se de alguém.

Manquitolando, com uma asa a arrastar, lá se dirigiu para o formigueiro. Bateu — tique, tique, tique...

Aparece uma formiga friorenta, embrulhada num xalinho de **paina**.

— Que quer? — perguntou, examinando a triste mendiga suja de lama e a tossir.

— Venho em busca de agasalho. O mau tempo não cessa e eu...

A formiga olhou-a de alto a baixo.

— E que fez durante o bom tempo, que não construiu sua casa?

A pobre cigarra, toda tremendo, respondeu depois de um acesso de tosse:

— Eu cantava, bem sabe...

— Ah!... — exclamou a formiga recordando-se. — Era você então quem cantava nessa árvore enquanto nós **labutávamos** para encher as tulhas?

— Isso mesmo, era eu...

— Pois entre, amiguinha! Nunca poderemos esquecer as boas horas que sua cantoria nos proporcionou. Aquele chiado nos distraía e aliviava o trabalho. Dizíamos sempre: que felicidade ter como vizinha tão gentil cantora! Entre, amiga, que aqui terá cama e mesa durante todo o mau tempo.

A cigarra entrou, sarou da tosse e voltou a ser a alegre cantora dos dias de sol.

II — A formiga má

Já houve, entretanto, uma formiga má que não soube compreender a cigarra e com dureza a repeliu de sua porta.

Foi isso na Europa, em pleno inverno, quando a neve recobria o mundo com o seu cruel manto de gelo.

A cigarra, como de costume, havia cantado sem parar o **estio** inteiro, e o inverno veio encontrá-la desprovida de tudo, sem casa onde se abrigar, nem folhinhas que comesse.

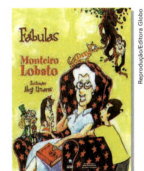

Desesperada, bateu à porta da formiga e implorou — emprestado, notem! — uns miseráveis restos de comida. Pagaria com juros altos aquela comida de empréstimo, logo que o tempo o permitisse.

Mas a formiga era uma **usurária** sem entranhas. Além disso, invejosa. Como não soubesse cantar, tinha ódio à cigarra por vê-la querida de todos os seres.

— Que fazia você durante o bom tempo?

— Eu... eu cantava!

— Cantava? Pois dance agora [...]! — e fechou-lhe a porta no nariz.

Resultado: a cigarra ali morreu **entanguidinha**; e quando voltou a primavera o mundo apresentava um aspecto mais triste. É que faltava na música do mundo o som estridente daquela cigarra morta por causa da avareza da formiga. Mas se a usurária morresse, quem daria pela falta dela?

Os artistas — poetas, pintores, músicos — são as cigarras da humanidade.

[...]

Fábulas, de Monteiro Lobato. São Paulo: Globo, 2008.

---

deliberou: decidiu após refletir.

entanguidinha: encolhidinha de frio.

estio: verão.

faina: trabalho árduo que se estende por muito tempo.

labutávamos: trabalhávamos.

manquitolando: mancando.

paina: fibra natural semelhante ao algodão.

tulhas: celeiros, lugares onde se guardam alimentos.

usurária: pessoa mesquinha.

Por dentro do texto

1 Como você já sabe, fábula é uma narrativa cujos personagens são animais ou objetos que pensam, agem e sentem como seres humanos.

- Quais são os personagens principais do texto?

....

2 Quem é o autor dessa fábula?

....

3 Ele dividiu a fábula em duas partes. Quais são os subtítulos?

....

4 Releia este trecho:

"Mas o bom tempo afinal passou e vieram as chuvas."

- O que aconteceu, então, com a cigarra?

....

....

5 A quem a cigarra recorreu?

....

6 Como agiu a formiga boa quando a cigarra bateu em sua porta?

....

....

7 E a formiga má, como agiu?

....

8 Monteiro Lobato organizou a narrativa de forma que os dois lados da questão sejam mostrados. Releia os dois desfechos.

> **I — A formiga boa**
> "A cigarra entrou, sarou da tosse e voltou a ser a alegre cantora dos dias de sol."

> **II — A formiga má**
> "Resultado: a cigarra ali morreu entanguidinha; e quando voltou a primavera o mundo apresentava um aspecto mais triste. É que faltava na música do mundo o som estridente daquela cigarra morta por causa da avareza da formiga. Mas se a usurária morresse, quem daria pela falta dela?"

a) O que você achou dos desfechos dessa fábula? Com qual você concorda? Por quê?

....

....

....

b) Se você tivesse de criar um terceiro desfecho, como ele seria?

....

....

....

9 Na fábula **A cigarra e as formigas**, o autor utiliza várias palavras no diminutivo para enfatizar o tamanho pequeno dos animais. Liste essas palavras.

....

....

10 Releia o trecho final da fábula:

> "Os artistas — poetas, pintores, músicos — são as cigarras da humanidade."

○ Converse com os colegas sobre o que você entendeu dessa afirmação e ouça a opinião deles.

Aprendendo gramática

● Pronome relativo e pronome interrogativo

Leia as frases e observe o que está destacado.

Ilustra Cartoon/Arquivo da editora

> Esta é a cigarra. **A cigarra** cantou durante todo o verão.

Agora, leia a mesma informação em uma única oração.

> Esta é a cigarra **que** cantou durante todo o verão.

A palavra **que** é um **pronome relativo**.

Pronomes relativos são aqueles que substituem palavras já citadas numa oração, estabelecendo uma relação entre duas orações.

Veja os principais pronomes relativos.

Variáveis				Invariáveis
Singular		Plural		
Masculino	Feminino	Masculino	Feminino	que
o qual cujo quanto	a qual cuja –	os quais cujos quantos	as quais cujas quantas	quem onde

1 Junte as orações usando os pronomes relativos do quadro abaixo.

> quem   que   cujo

a) Este é meu tio. Meu tio mora no interior.

....

b) Aqui está meu amigo. O apelido de meu amigo é igual ao meu.

....

c) Esta é minha aluna. Eu falava de minha aluna.

....

2 Circule os pronomes relativos e sublinhe as palavras que eles estão substituindo.

a) Minha irmã, cujo aniversário é amanhã, vai fazer uma grande festa.

b) Na festa virão meus avós, os quais moram no interior.

c) Esta é a casa onde nasci.

Agora leia as frases e observe a palavra destacada.

> Meu pai chegou.
> **Quem** chegou?

Quem é um **pronome interrogativo**.

> **Pronomes interrogativos** são os pronomes indefinidos usados em frases interrogativas.

Veja os principais pronomes interrogativos.

Variáveis				Invariáveis
Masculino		Feminino		
Singular	Plural	Singular	Plural	que
qual quanto	quais quantos	qual quanta	quais quantas	quem

As frases interrogativas podem ser:

○ **diretas**

Nelas é usado o ponto de interrogação. Exemplo:

> **Quem** falou comigo?

○ **indiretas**

Nestas, mesmo sem o ponto de interrogação, a frase equivale a uma pergunta. Exemplo:

> Quero saber **quem** falou comigo.

3 Circule os pronomes interrogativos e responda às perguntas.

a) Qual é o seu nome?

....

b) Quantos anos você tem?

....

c) Quero saber quem são seus pais.

....

4 Complete as frases interrogativas indiretas com um pronome interrogativo.

a) Diga .... destas roupas são as suas.

b) Pergunte .... anos ele tem.

c) Digam-me .... chegou primeiro.

5 Circule o pronome interrogativo na frase da placa.

QUEM PODE AJUDAR A LIMPAR ESTE PARQUE?

PAPEL METAL PLÁSTICO VIDRO ORGÂNICO

Texto 6 – A cigarra e as formigas

Escrevendo certo

comprimento, cumprimento/soar, suar

Leia as frases e observe as palavras destacadas.

> Paula respondeu ao **cumprimento** de Lúcia com um breve aceno.
>
> Os cachecóis tricotados por Adriana e seu pai tinham o mesmo **comprimento**.

> **Cumprimento** indica saudação; **comprimento** indica tamanho, extensão.

Leia também estas frases:

> Os rapazes **suavam** muito, mas não interrompiam a corrida.
>
> **Soavam** doze horas quando eles pararam de correr.

> **Suavam** (verbo **suar**) é o mesmo que transpirar, verter suor pelos poros; **soavam** (do verbo **soar**) é produzir som.

As palavras **cumprimento** e **comprimento**, **soar** e **suar** se diferenciam apenas pelas vogais **o** e **u**, por isso é preciso atenção ao usar essas palavras.

o Complete as frases com uma das palavras do quadro.

> comprimento   cumprimento   soar   suar

a) Ao terminar a apresentação, Vera recebeu o afetuoso .... da mãe.

b) Paula mediu o .... da toalha.

c) O candidato começou a .... frio, com medo do resultado.

d) O relógio da igreja começou a ....

207   Unidade 3

Era uma vez uma agulha, que disse a um novelo de linha:

— Por que está você com esse ar, toda cheia de si, toda enrolada, para fingir que vale alguma ==cousa== neste mundo?

— Deixe-me, senhora.

— Que a deixe? Que a deixe, por quê? Porque lhe digo que está com um ar insuportável? Repito que sim, e falarei sempre que me der na cabeça.

— Que cabeça, senhora? A senhora não é alfinete, é agulha. Agulha não tem cabeça. Que lhe importa o meu ar? Cada qual tem o ar que Deus lhe deu. Importe-se com a sua vida e deixe a dos outros.

— Mas você é orgulhosa.

— Decerto que sou.

— Mas por quê?

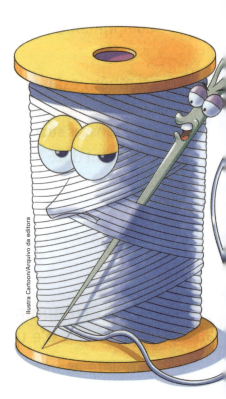

— É boa! Porque ==coso==. Então os vestidos e enfeites de nossa ama, quem é que os cose, senão eu?

— Você? Esta agora é melhor. Você é que os cose? Você ignora que quem os cose sou eu e muito eu?

— Você fura o pano, nada mais; eu é que coso, prendo um pedaço ao outro, dou feição aos babados...

— Sim, mas que vale isso? Eu é que furo o pano, vou adiante, puxando por você, que vem atrás obedecendo ao que eu faço e mando...

— Também os ==batedores== vão adiante do imperador.

— Você é imperador?

— Não digo isso. Mas a verdade é que você faz um papel ==subalterno==, indo adiante; vai só mostrando o caminho, vai fazendo o trabalho obscuro e ínfimo. Eu é que prendo, ligo, ajunto...

Estavam nisto, quando a costureira chegou à casa da baronesa. Não sei se disse que isto se passava em casa de uma baronesa, que tinha a modista ao pé de si, para não andar atrás dela. Chegou a costureira, pegou do pano, pegou da agulha, pegou da linha, enfiou a linha na agulha, e entrou a coser. Uma e outra iam andando orgulhosas, pelo pano adiante, que era a melhor das sedas, entre os dedos da costureira, ágeis como os galgos de Diana — para dar a isto uma cor poética. E dizia a agulha:

— Então, senhora linha, ainda teima no que dizia há pouco? Não repara que esta distinta costureira só se importa comigo; eu é que vou aqui entre os dedos dela, unidinha a eles, furando abaixo e acima...

A linha não respondia; ia andando. Buraco aberto pela agulha era logo enchido por ela, silenciosa e ativa, como quem sabe o que faz, e não está para ouvir palavras loucas. A agulha, vendo que ela não lhe dava resposta, calou-se também, e foi andando. E era tudo silêncio na saleta de costura; não se ouvia mais que o *plic-plic-plic-plic* da agulha no pano. Caindo o sol, a costureira dobrou a costura, para o dia seguinte. Continuou ainda nessa e no outro, até que no quarto acabou a obra, e ficou esperando o baile.

Veio a noite do baile, e a baronesa vestiu-se. A costureira, que a ajudou a vestir-se, levava a agulha espetada no corpinho, para dar algum ponto necessário. E enquanto compunha o vestido da bela dama, e puxava de um lado ou outro, arregaçava daqui ou dali, alisando, abotoando, acolchetando, a linha para **mofar** da agulha, perguntou-lhe:

— Ora, agora, diga-me, quem é que vai ao baile, no corpo da baronesa, fazendo parte do vestido e da elegância? Quem é que vai dançar com ministros e diplomatas, enquanto você volta para a caixinha da costureira, antes de ir para o balaio das mucamas? Vamos, diga lá.

Parece que a agulha não disse nada; mas um alfinete, de cabeça grande e não menor experiência, murmurou à pobre agulha:

— Anda, aprende, tola. Cansas-te em abrir caminho para ela e ela é que vai gozar da vida, enquanto aí ficas na caixinha de costura. Faze como eu, que não abro caminho para ninguém. Onde me espetam, fico.

Contei esta história a um professor de melancolia, que me disse, abanando a cabeça:

— Também eu tenho servido de agulha a muita linha ordinária!

Ilustra Cartoon/Arquivo da editora

Um apólogo, de Machado de Assis. Em: **Contos brasileiros 2**, de Clarice Lispector et al. São Paulo: Ática, 2012. (Para gostar de ler).

Reprodução/Editora Ática

batedores: policiais ou militares que abrem caminho para autoridade ou acompanham o veículo oficial para protegê-lo.

coso: costuro.

cousa: o mesmo que **coisa**.

mofar: zombar.

subalterno: aquele que está sob as ordens de outro; subordinado.

Unidade 3

Por dentro do texto

1 Pesquise em dicionários e responda: o que é um **apólogo**?

....

....

....

2 Quais são os personagens principais da história que você acabou de ler?

....

3 Qual é o principal assunto na discussão entre a agulha e a linha?

....

4 Você já viu alguém costurar uma peça manualmente? Conte aos colegas como é feita a costura e quais objetos são usados.

5 Em sua opinião, a história entre a agulha e a linha se passa em que época? Por quê?

....

6 Releia este trecho do texto:

> "E era tudo silêncio na saleta de costura; não se ouvia mais que o *plic-plic-plic-plic* da agulha no pano."

○ O que significa a expressão **plic-plic-plic-plic**?

....

....

Fique por dentro!

Onomatopeia é a palavra ou expressão que imita o som natural das coisas, por exemplo, **plic-plic-plic-plic**.

7 Releia a resposta que a linha dá quando a agulha diz que sempre falará o que lhe "der na cabeça":

> "— Que cabeça, senhora? A senhora não é alfinete, é agulha. Agulha não tem cabeça."

a) O alfinete tem cabeça? Explique.

....

....

....

b) A palavra **cabeça** tem o mesmo sentido nas falas da agulha e da linha? Justifique sua resposta.

....

....

....

....

....

8 Qual é a mensagem final dessa história? Você concorda com ela?

....

....

....

....

9 Você gostou do texto **Um apólogo**? Por quê?

....

....

....

....

Aprendendo gramática

● Conjunção

Leia as frases abaixo.

> A baronesa ia ao baile.
> A costureira fez o vestido.

Ilustra Cartoon/Arquivo da editora

Vamos unir essas duas orações?

> A baronesa ia ao baile, **por isso** a costureira fez o vestido.

Por isso é uma **conjunção**.

> **Conjunção** é a palavra ou expressão invariável que liga
> orações ou termos de uma oração.

Conheça algumas conjunções.

assim	contudo	logo	entretanto	e
nem	todavia	para que	porém	mas
por isso	porquanto	porque	portanto	ou
no entanto	por conseguinte	embora	visto que	pois

1 Leia as definições.

(1) **Preposição** é uma palavra que liga palavras ou orações, estabelecendo entre elas uma relação de dependência.

(2) **Conjunção** é uma palavra que liga uma oração a outra ou liga termos de uma oração.

o Nos círculos, escreva **1** se a palavra destacada nas frases for **preposição** e **2** se for **conjunção**.

◯ Quero um pedaço **de** bolo.

◯ Ele sempre age **com** educação.

◯ Minha mãe chegou **e** saiu.

◯ Eu gosto de ler, **mas** gosto de passear também.

◯ Fui à festa ontem, **porém** não levei meu irmão.

2 Reescreva as orações abaixo, ligando-as com uma conjunção.

a) Ontem fui ao cinema. Levei minha irmã comigo.

....

b) Ivete quer adotar um gatinho. Ela colocou redes nas janelas.

....

c) Passei o fim de semana em casa. Preciso estudar muito.

....

d) O trem parou na estação. Ninguém desembarcou.

....

3 Complete as orações abaixo com base nas conjunções destacadas.

a) Não fui à aula hoje **porque** ....

b) Juliana queria fazer boa prova, **por isso** ....

c) Vou sair com você, **mas** ....

d) Você sabia que hoje teria prova, **portanto** ....

Unidade 3

Escrevendo certo

o, u/e, i

Ouça a leitura da fábula que será feita pelo professor e observe como ele pronuncia as letras que estão destacadas.

Um cabrito que ficou por último atrás do rebanho estava sendo perseguido por um lobo. Então ele se virou para o lobo e disse: "Lobo, estou conformado em ser sua comida. Mas, para que eu não morra de forma indigna, toque flauta para eu dançar". E o lobo se pôs a tocar flauta e o cabrito, a dançar. Entretanto, os cães o ouviram e saíram no encalço do lobo. Então este se voltou e disse ao cabrito: "Isso é bem feito para mim, pois eu, que sou magarefe, não devia me pôr a imitar um flautista".

Assim, aqueles que praticam uma ação sem levar em conta as circunstâncias perdem até o que têm em mãos.

Esopo: fábulas completas. Tradução de Maria Celeste C. Dezotti. São Paulo: Cosac Naify, 2013.

1 Agora leia estas palavras em voz alta:

> lobo   rebanho   cabrito

○ Ao pronunciar essas palavras, o que você notou em relação ao som da vogal **o** final?

> Em muitas palavras, a letra **o** é pronunciada como se fosse **u**.

O mesmo pode acontecer em relação à letra **e**, que pode ser pronunciada como se fosse **i**.

2 Pronuncie em voz alta estas palavras e observe o som da letra **e**:

> estou   disse   toque

3 Complete as palavras com **o** ou **u**. Se necessário, consulte um dicionário.

sand............íche   c............rtina   l............mbriga

ent............pid............   reb............liç............   cam............ndong............

crâni............   cap............eira   táb............a

4 Complete as palavras com as vogais **e** ou **i**. Se tiver dúvida, consulte um dicionário.

arr............pio   maqu............agem   cad............ado   pát............o

............mpat............   pr............vilégio   ....squ............sito   p............ru

............ngolir   ól............o   p............r............quito   ....strela

5 Escreva as orações que o professor vai ditar. Depois, acompanhe a correção na lousa.

6 Complete as frases com o verbo entre parênteses.

a) Ela .... tanto que caiu sentada. (rir)

b) Eu sempre .... meu lanche com os colegas. (dividir)

c) Correu tanto que .... (suar)

d) Nós .... ao falar com ela. (errar)

7 Complete as palavras das frases com **e** ou **i**. Dica: Se for uma palavra oxítona sem acento, escreva **i**. Se for uma paroxítona sem acento, escreva **e**.

a) Aqu............ está o gib............ que ganhei de brind.............

b) Há doc............ bastant............ para todos.

c) Comi carn............ no almoço e abacax............ de sobremesa.

d) Combateremos os mosquitos para que não haja dengu............ na cidad.............

De olho no dicionário

Você já deve saber que nem sempre os dicionários apresentam todas as variações de uma palavra. Os verbos, por exemplo, aparecem no infinitivo. Os substantivos, adjetivos e artigos aparecem no singular e, em geral, no grau normal.

Releia este trecho do texto **Um apólogo**:

> "— Então, senhora linha, ainda teima no que dizia há pouco? Não repara que esta distinta costureira só se importa comigo; eu é que vou aqui entre os dedos dela, **unidinha** a eles, furando abaixo e acima..."

A palavra **unidinha** está no grau diminutivo e no feminino. Veja como essa palavra deve ser pesquisada no dicionário:

---

unido

■ **adjetivo**

1. que se uniu, que forma um todo junto com outro(s); ligado, preso

    Ex.: *o prato dele eram dois cacos unidos com cola*

2. que está fisicamente junto, adjacente, em contato

    Exs.: *rostos unidos*

    o quarto unido à sala

3. que ocorre concomitantemente com outro; simultâneo

    Ex.: *duas bandas unidas fazem grande barulho*

4. ligado a outro(s) por laços de amizade, companheirismo; amigo

    Ex.: *dois irmãos muito unidos*

Dicionário eletrônico Houaiss da língua portuguesa. Versão 2009.3. Rio de Janeiro: Objetiva, 2009.

Observe que no verbete a palavra está no grau normal e no masculino.

Agora leia a fábula a seguir.

A gralha vaidosa

A gralha sempre **acalentara** o sonho de ser bonita como um pavão.

— Já sei! Vou aproveitar que os pavões estão em época de muda, colherei as penas que estão no chão e todos **pensarão** que eu sou um pavão!

E foi isso que ela fez. Ao admirar-se nas águas transparentes do lago, que refletiam seu novo visual, com penas com olhos nas pontas, a gralha achou-se o máximo. Pensando que ia abafar, foi ao encontro das **outras** gralhas.

Lá chegando, ao invés de elogios, ela recebeu muitas **vaias** e foi **enxotada** a bicadas.

— Fora! Fora! Se você não tem orgulho de ser uma de nós, vá procurar a sua turma — gritavam as gralhas em coro.

Enquanto saía às pressas dali, a gralha refletiu:

— É isso! Eu preciso encontrar a minha nova turma!

E saiu em disparada ao encontro dos pavões.

Assim que viram aquela ave **esquisita** se aproximando, os pavões colocaram-na para correr.

— Fora! Fora! Você não é e nunca será um pavão!

E, assim, a gralha conseguiu apenas o desprezo de todas as aves.

Moral: Cada um deve se contentar com o que é.

Fábulas de Esopo, de Jean de La Fontaine. Adaptação de Lúcia Tulchinski. São Paulo: Scipione, 2007.

○ Escreva, abaixo, como você acha que as palavras destacadas aparecem no dicionário. Para confirmar suas respostas, pesquise-as no dicionário.

....

....

Ideias em ação

Fábula

Nesta Unidade você leu fábulas e conheceu alguns provérbios.

Que tal agora criar sua própria fábula? Depois, a sua produção e a dos colegas formarão um livro de fábulas da turma.

Planejando suas ideias

Escolha um dos provérbios populares a seguir para ser a moral da sua fábula. Antes, discuta com os colegas e o professor o significado de cada um deles.

Cão que late não morde.

A pressa é inimiga da perfeição.

Quando um não quer, dois não brigam.

Quem não tem cão, caça com gato.

Devagar se vai ao longe.

Passarinho que acompanha morcego amanhece de cabeça para baixo.

Água mole em pedra dura, tanto bate até que fura.

Quem tudo quer nada tem.

Ilustrações: Ilustra Cartoon/Arquivo da editora

Rascunho

Pense em uma história cuja moral seja o provérbio que você escolheu.

Decida o enredo da sua fábula, quem serão os personagens, e onde e quando a história acontecerá.

Escreva seu texto nas páginas de rascunho do **Caderno de produção de texto**.

Revisando suas ideias

Para verificar se você não se esqueceu de nenhum detalhe em seu texto, retome os pontos do rascunho e, em seguida, preencha a tabela a seguir.

	Sim	Não
Os personagens são animais que agem como seres humanos?		
Seu texto possui começo, meio e fim?		
Sua fábula possui título?		
Há uma moral no final da fábula?		
A história condiz com a moral escolhida?		

Peça também ao professor que leia o seu texto e o oriente em como melhorá-lo.

Texto final

Reescreva sua fábula fazendo as correções que forem necessárias. Use as páginas do **Caderno de produção de texto** para registrar seu texto finalizado. Se quiser, ilustre-o.

Depois, você e os colegas vão reunir todas as fábulas para compor o **Livro de fábulas da turma**.

Com o professor, façam a capa do livro e o sumário.

Depois de tudo pronto, o professor vai programar uma data para cada aluno levar o livro para casa e lê-lo com a família.

Ilustra Cartoon/Arquivo da editora

UNIDADE 4

Cuidar do planeta: questão de sobrevivência

Vamos conversar?

- O que você observa nas atitudes das pessoas da cena?
- Você acha que as pessoas estão contribuindo com a preservação do meio ambiente?

O que vou estudar?

- Verbo
- Conjugação de verbo regular e de verbo auxiliar
- Verbo **pôr**
- Oração
- Sujeito e predicado
- Advérbio

Texto 1

Consumo consciente

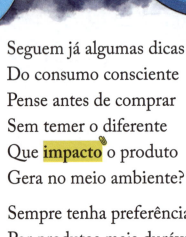

Ilustra Cartoon/Arquivo da editora

Seguem já algumas dicas
Do consumo consciente
Pense antes de comprar
Sem temer o diferente
Que **impacto** o produto
Gera no meio ambiente?

Sempre tenha preferência
Por produtos mais duráveis
Sempre que possível evite
Os produtos descartáveis
Valorize e divulgue
As empresas responsáveis.

Sempre evite os produtos
Com excesso de embalagem
Mesmo sendo lixo limpo
Com possível reciclagem
O melhor é nem comprar.
Pra mudar, basta coragem.

Compre sempre os produtos
Feitos em sua região
Menos custos de transporte
Também menos **combustão**
A mãe-Terra mais feliz
Com a sua decisão.

Nós sabemos que o mundo
Desperdiça sempre mais
E o futuro como fica
Sem recursos naturais?
Se o planeta não for vivo
Como a gente vive em paz?

Para que comprar a dúzia
Se eu só consumo meia?
Se metade vai ao lixo
A mãe-Terra fica feia.
Penso então em redução
E dou vida a essa cadeia.

combustão: queima de combustível.

impacto: efeito, consequência.

Aquecimento global não dá rima com legal, de César Obeid. São Paulo: Moderna, 2008.

1 Qual é o assunto tratado no poema que você leu?

....

2 Considerando o assunto do texto, pode-se afirmar que ele tem como objetivo:

○ explicar o consumo consciente.

○ incentivar o consumo consciente.

○ incentivar o consumismo.

○ alertar para o desperdício.

3 O texto dá algumas dicas de como consumir de modo consciente. Escreva a dica dada para cada caso abaixo.

a) Antes de comprar: ....

....

b) Dar preferência: ....

....

c) Evitar: ....

....

4 Por que o texto aconselha que se evitem produtos descartáveis? Converse com os colegas e registre a conclusão no caderno.

5 Releia o poema e verifique, em cada estrofe, quais são os versos que rimam entre si. Depois, dê um exemplo de palavras que rimam no poema.

....

....

Aprendendo gramática

Verbo

Leia.

> **Choveu** a noite toda.
>
> Laura **ficou** contente.
>
> Ela **limpa** o quintal e **rega** as plantas com a água da chuva.

As palavras destacadas são **verbos**.

- **choveu** → verbo **chover** → Indica fenômeno da natureza.
- **ficou** → verbo **ficar** → Indica estado.
- **limpa/rega** → verbos **limpar/regar** → Indicam ação.

> **Verbo** é a palavra usada para indicar ação, estado ou fenômeno da natureza.

O verbo varia em **pessoa** e **número**. Observe:

	Singular	Plural
1ª pessoa	eu limpo	nós limpamos
2ª pessoa	tu limpas	vós limpais
3ª pessoa	ele limpa	eles limpam

O verbo muda de forma também de acordo com o **tempo**.

Ontem eu limp**ei**.　　Hoje eu limp**o**.　　Amanhã eu limp**arei**.

pretérito　　　　presente　　　　futuro

São três os tempos básicos do verbo:

Presente	agora, hoje	Eu estudo.
Passado ou pretérito	ontem, há pouco	Eu estudei.
Futuro	mais tarde, amanhã	Eu estudarei.

O tempo pretérito divide-se em:

o **pretérito perfeito** → Indica um fato já ocorrido, concluído.

Ontem ele **estudou** bastante.

o **pretérito imperfeito** → Indica um fato passado, mas que não foi concluído.

Ele **estudava** bastante durante a tarde.

o **pretérito mais-que-perfeito** → Indica uma ação passada já concluída em relação a outro fato passado.

Quando mamãe chegou, ele já **estudara** bastante.

O tempo futuro divide-se em:

o **futuro do presente** → Indica um fato que se realizará após o momento em que se fala, tomado como certo ou provável.

Ele **estudará** bastante na próxima semana.

o **futuro do pretérito** → Indica um acontecimento não realizado que ocorreria mediante uma condição.

Ele **estudaria** mais se tivesse tempo.

Observe, agora, estas frases:

> A menina **estuda** a lição.
> **Estude** a lição, por favor!
> Se vocês **estudassem** a lição juntos, poderiam usar o mesmo livro.

Houve uma variação na forma verbal para indicar o modo ou a maneira como a ação ocorre.

Os **modos do verbo** são:

o **indicativo** → Indica um fato certo, uma certeza.

Júlia **pula** corda.

o **subjuntivo** → Indica um fato incerto, duvidoso, uma possibilidade.

Talvez Júlia **pule** corda.

o **imperativo** → Indica uma ordem, conselho ou um pedido.

Júlia, **pule** corda. → **imperativo afirmativo**
Júlia, **não pule** corda. → **imperativo negativo**

1 Complete o texto abaixo flexionando o verbo que está entre parênteses no modo e no tempo corretos.

Era uma vez uma menina cuja avó .... (morar) na floresta. Um dia sua mãe a .... (chamar) e lhe .... (pedir) que levasse uma cesta de doces para sua avó.

2 Leia a frase abaixo e observe o verbo destacado.

> Se ele **estudasse** mais, teria melhor desempenho nas provas.

a) Esse verbo indica um fato certo ou uma possibilidade?

....

b) Em que modo está esse verbo?

....

3 Os verbos do quadro indicam estado. Use-os para completar as frases abaixo.

> pareciam   permaneceu   ficou   eram   estava

a) Ontem eu .... tão cansado!

b) Todas as crianças .... alunas daquela escola nova.

c) Os alunos .... animados com a excursão.

d) O paciente .... bem durante toda a semana.

e) Diana .... feliz com a surpresa.

4 Leia a frase a seguir e depois responda às questões.

> José é um homem muito sortudo!

PA... ÉNS, JOSÉ!

a) Em que tempo está escrita a frase?

....

b) Reescreva essa frase no futuro do presente.

....

Escrevendo certo

despensa, dispensa/descrição, discrição

Leia as frases e observe as palavras destacadas.

> A **despensa** estava vazia.
> Ela pediu **dispensa** do trabalho porque estava doente.

Despensa (substantivo) significa "lugar onde se guardam mantimentos".

Dispensa (substantivo) significa "licença, isenção de serviço, dever ou encargo"; deriva do verbo **dispensar**, que significa "isentar, desobrigar de".

Esses substantivos diferenciam-se pelas vogais **e** e **i**. Frequentemente, a vogal **e** é pronunciada como a vogal **i**.

O mesmo acontece com os substantivos **descrição**, "ato de descrever, narrar", e **discrição**, "qualidade de quem é discreto, recatado".

As palavras **despensa**, **dispensa**, **descrição** e **discrição** são **parônimas**.

> **Parônimas** são palavras semelhantes na grafia e diferentes na significação.

 1 No caderno, forme frases empregando os substantivos **despensa** e **dispensa** e **descrição** e **discrição**.

2 Complete as frases com uma destas palavras:

> despensa   dispensa   descrição   discrição

a) Pedi .... das aulas da tarde porque iria ao médico.

b) A família agiu com muita .... Preparou a surpresa sem que a aniversariante percebesse.

c) Esta .... é bastante espaçosa. Cabe tudo o que temos.

d) Faça a .... de seu gatinho para que possamos encontrá-lo.

Terra e conhecimento da natureza

Ilustra Cartoon/Arquivo da editora

Os povos indígenas têm muito respeito pela terra. Eles consideram a terra como uma grande mãe, que os alimenta e dá vida, porque é dela que tiram todas as coisas que precisam para sobreviver. Para eles, a terra não é apenas uma propriedade, ela é a morada dos mortos e de todos os espíritos.

Os povos indígenas são grupos que fazem uso da natureza, assim como todos nós, mas não o fazem de forma descuidada.

É bom dizer que, para sobreviver e se reproduzir, um povo necessita de muito mais terras do que as utilizadas para plantar, pois desse território ele também extrai material para a construção de suas casas, para a fabricação dos arcos, das flechas, das canoas e de tudo que utiliza em seu dia a dia.

As populações indígenas aprenderam a se relacionar com a natureza com respeito. Por isso sabem que é preciso conhecer bem a fauna e a flora.

Os índios sabem que um determinado pedaço de terra só pode ser cultivado por um tempo determinado, mudando-se em seguida para outros lugares, a fim de permitir que as plantas nasçam e cresçam de novo e o solo descanse. Depois de um bom tempo, quando essa terra puder ser utilizada novamente, então voltarão para esse mesmo lugar.

Quando fazem longas caçadas, os indígenas aproveitam para conhecer melhor seu próprio território e coletar materiais que usarão depois, na fabricação de vários objetos.

Infelizmente há pessoas que querem a terra para explorar e destruir, arruinando o meio ambiente que os povos **nativos** souberam preservar por milhares de anos.

A preocupação com a preservação da natureza tem feito com que muitos povos se organizem para defender seus direitos garantidos pela **Constituição** Federal, aprovada em 1988. Essas organizações indígenas sabem que a terra é sagrada e tudo o que for feito a ela hoje atingirá, mais cedo ou mais tarde, todas as pessoas do planeta.

Constituição: lei fundamental que contém normas sobre a formação dos poderes públicos, direitos e deveres dos cidadãos.

nativos: indivíduos naturais de uma terra; indígenas.

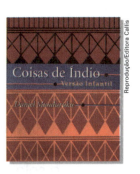

Coisas de índio: versão infantil, de Daniel Munduruku. São Paulo: Callis, 2003.

Daniel Munduruku nasceu em uma aldeia no Pará, em 1964. É escritor, faz pesquisas, dá palestras sobre a questão indígena e escreve, principalmente, sobre as histórias que os povos indígenas contam. Já recebeu diversos prêmios por seus livros.

Por dentro do texto

Coisas de Índio
Versão Infantil
Daniel Munduruku

1 O texto que você leu faz parte do livro ao lado.

a) Quem é o autor do texto que você leu?

....

b) De qual livro ele foi extraído?

....

c) Em sua opinião, o que é relatado pelo autor pode ser considerado real? Por quê?

....

....

2 O narrador inicia o texto fazendo uma afirmação sobre a relação dos povos indígenas com a terra. Como é essa relação?

....

....

3 Na frase "Os povos indígenas têm muito respeito pela **terra**", a palavra destacada indica:

◯ o planeta.

◯ o solo.

◯ os povos indígenas.

4 A ideia central do texto é:

◯ a destruição da natureza.

◯ o uso e a preservação da natureza.

◯ a exploração e a destruição.

5 O desgaste do solo é um dos maiores problemas ambientais de nossos dias. Como os indígenas agem para evitar esse problema?

....

....

....

....

....

....

....

6 Segundo o texto, os povos indígenas:

○ não conhecem muito bem a fauna e a flora.

○ cultivam a terra até que ela se esgote.

○ interagem com a fauna e a flora de acordo com suas crenças e necessidades, respeitando a natureza.

7 Releia o trecho a seguir.

> "a terra é sagrada e **tudo o que for feito a ela hoje atingirá, mais cedo ou mais tarde, todas as pessoas do planeta**."

○ Explique o que você entendeu da parte destacada. Depois converse com os colegas dizendo se você concorda ou não com isso.

....

....

....

....

....

....

Aprendendo gramática

● **Conjugação de verbo regular**

Observe na tabela as duas partes que formam o verbo.

	Parte 1	Parte 2
Eu canto	cant	o
Tu cantas	cant	as
Ele/Ela canta	cant	a

A parte 1 — **cant** — é o **radical**; informa o significado do verbo.

A parte 2 — **o, as, a** — são as **terminações**; informam a **pessoa**, o **número** e o **tempo** do verbo.

Há verbos que, em sua conjugação, seguem um modelo, isto é, não apresentam nenhuma mudança no radical. São chamados de **verbos regulares**.

Os verbos da língua portuguesa podem ser divididos em três grupos de flexões, as **conjugações**, que são reconhecidas pelas terminações em:

○ **ar** → cant**ar**
primeira conjugação

○ **er** → vend**er**
segunda conjugação

○ **ir** → part**ir**
terceira conjugação

Observe, a seguir, o modelo de conjugação de alguns verbos regulares.

cant**ar**   vend**er**   part**ir**

Modo indicativo

Presente			Pretérito imperfeito		
Eu cant-o	vend-o	part-o	cant-ava	vend-ia	part-ia
Tu cant-as	vend-es	part-es	cant-avas	vend-ias	part-ias
Ele/Ela cant-a	vend-e	part-e	cant-ava	vend-ia	part-ia
Nós cant-amos	vend-emos	part-imos	cant-ávamos	vend-íamos	part-íamos
Vós cant-ais	vend-eis	part-is	cant-áveis	vend-íeis	part-íeis
Eles/Elas cant-am	vend-em	part-em	cant-avam	vend-iam	part-iam

Pretérito perfeito			Pretérito mais-que-perfeito		
Eu cant-ei	vend-i	part-i	cant-ara	vend-era	part-ira
Tu cant-aste	vend-este	part-iste	cant-aras	vend-eras	part-iras
Ele/Ela cant-ou	vend-eu	part-iu	cant-ara	vend-era	part-ira
Nós cant-amos	vend-emos	part-imos	cant-áramos	vend-êramos	part-íramos
Vós cant-astes	vend-estes	part-istes	cant-áreis	vend-êreis	part-íreis
Eles/Elas cant-aram	vend-eram	part-iram	cant-aram	vend-eram	part-iram

Futuro do presente			Futuro do pretérito		
Eu cant-arei	vend-erei	part-irei	cant-aria	vend-eria	part-iria
Tu cant-arás	vend-erás	part-irás	cant-arias	vend-erias	part-irias
Ele/Ela cant-ará	vend-erá	part-irá	cant-aria	vend-eria	part-iria
Nós canta-remos	vend-eremos	part-iremos	cant-aríamos	vend-eríamos	part-iríamos
Vós cant-areis	vend-ereis	part-ireis	cant-aríeis	vend-eríeis	part-iríeis
Eles/Elas cant-arão	vend-erão	part-irão	cant-ariam	vend-eriam	part-iriam

Modo subjuntivo

Presente		
Que eu cant-e	Que eu vend-a	Que eu part-a
Que tu cant-es	Que tu vend-as	Que tu part-as
Que ele/ela cant-e	Que ele/ela vend-a	Que ele/ela part-a
Que nós cant-emos	Que nós vend-amos	Que nós part-amos
Que vós cant-eis	Que vós vend-ais	Que vós part-ais
Que eles/elas cant-em	Que eles/elas vend-am	Que eles/elas part-am

Pretérito imperfeito		
Se eu cant-asse	Se eu vend-esse	Se eu part-isse
Se tu cant-asses	Se tu vend-esses	Se tu part-isses
Se ele/ela cant-asse	Se ele/ela vend-esse	Se ele/ela part-isse
Se nós cant-ássemos	Se nós vend-êssemos	Se nós part-íssemos
Se vós cant-ásseis	Se vós vend-êsseis	Se vós part-ísseis
Se eles/elas cant-assem	Se eles/elas vend-essem	Se eles/elas part-issem

Futuro		
Quando eu cant-ar	Quando eu vend-er	Quando eu part-ir
Quando tu cant-ares	Quando tu vend-eres	Quando tu part-ires
Quando ele/ela cant-ar	Quando ele/ela vend-er	Quando ele/ela part-ir
Quando nós cant-armos	Quando nós vend-ermos	Quando nós part-irmos
Quando vós cant-ardes	Quando vós vend-erdes	Quando vós part-irdes
Quando eles/elas cant-arem	Quando eles/elas vend-erem	Quando eles/elas part-irem

Modo imperativo

Afirmativo		
–	–	–
Cant-a tu	Vend-e tu	Part-e tu
Cant-e você	Vend-a você	Part-a você
Cant-emos nós	Vend-amos nós	Part-amos nós
Cant-ai vós	Vend-ei vós	Part-i vós
Cant-em vocês	Vend-am vocês	Part-am vocês

Negativo		
–	–	–
Não cant-es tu	Não vend-as tu	Não part-as tu
Não cant-e você	Não vend-a você	Não part-a você
Não cant-emos nós	Não vend-amos nós	Não part-amos nós
Não cant-eis vós	Não vend-ais vós	Não part-ais vós
Não cant-em vocês	Não vend-am vocês	Não part-am vocês

1 Complete as frases com o verbo no tempo indicado. O modo é o indicativo.

a) Nós .... com ele se houvesse uma oportunidade.
(**falar** – futuro do pretérito)

b) Eu .... quando você ....
(**estudar** – pretérito imperfeito)   (**chegar** – pretérito perfeito)

c) Quando a árbitra ...., a bola já .... no gol.
(**apitar** – pretérito perfeito)   (**entrar** – pretérito mais-que-perfeito)

2 Continue usando o pretérito perfeito do indicativo. Veja o exemplo.

Eu *comi o bolo e bebi o suco.* ....

Tu ....

Ele ....

Nós ....

Vós ....

Eles ....

3 Analise as formas verbais abaixo como feito no exemplo.

Eu pulo: *verbo pular, 1ª conjugação, 1ª pessoa do singular do tempo presente do modo indicativo.*

a) Nós venceremos: ....

....

b) Tu divides: ....

....

c) Eles trabalharam: ....

....

4 Escreva em qual tempo do modo subjuntivo estão os verbos destacados.

a) Se eu **dormisse** aqui, seria melhor. ....

b) Quando ele **chegar**, iremos ao cinema. ....

c) Mamãe quer que eu **fale** sempre a verdade. ....

5 Conjugue o verbo **falar** nos modos:

Imperativo afirmativo	Imperativo negativo
....	....
....	....
....	....
....	....
....	....

Escrevendo certo

● mais, mas

Leia a frase e observe as palavras destacadas.

> Você colocou **mais** comida para mim, **mas** eu não queria!

> **Mais** indica quantidade. Tem sentido oposto ao de **menos**.
> **Mas** indica ideia contrária, oposição. Equivale a **porém**.

1 Reescreva as frases substituindo **mais** por **menos** e **mas** por **porém**.

a) A atriz foi mais homenageada que o ator.

....

b) Quero estudar a lição, mas não tenho o livro.

....

c) Eu ia ao cinema, mas começou a chover e desisti.

....

2 Complete as frases com **mais** ou **mas**.

a) Coloque .... açúcar no meu café, ... não exagere.

b) Gostaria de ir viajar, ... preciso de .... dinheiro.

3 Observe as ilustrações e escreva, no caderno, frases empregando as palavras **mas** e **mais**.

Ilustrações: Ilustra Cartoon/ Arquivo da editora

Rio + 20: dicas para salvar o planeta

Em 1992, representantes de diversos países se reuniram no Rio de Janeiro para discutir sobre o desenvolvimento sustentável e assumir o compromisso de minimizar as agressões ao meio ambiente. Essa conferência ficou conhecida como Eco 92.

Vinte anos depois, em 2012, uma nova conferência aconteceu no Rio de Janeiro, com o objetivo de renovar o compromisso com o desenvolvimento sustentável. Foi a Rio + 20.

O texto a seguir é um trecho de uma reportagem que foi publicada em 2012, pouco antes da Rio + 20 acontecer.

Sem dúvida alguma, você deve estar se perguntando o que significa desenvolvimento sustentável. Vamos tentar responder de forma simples e direta: promover o desenvolvimento sustentável significa atender às necessidades das gerações presentes — ou seja, das pessoas que vivem hoje no mundo, como eu e você —, mas sem comprometer as gerações futuras — como nossos filhos, netos, bisnetos... Neste sentido, as pessoas hoje devem ter a capacidade de se sustentar (ter casa, comida, roupa, dinheiro, etc.), mas conservando os recursos naturais. É uma grande responsabilidade, você não acha? Como fazer isso é o que será discutido no evento.

[...]

Em outras palavras, as nações podem pensar em ganhar dinheiro e desenvolver seus países, mas sem esquecer que todos nós vivemos em uma só casa, ou seja, a Terra. Isso quer dizer que os países precisam encontrar maneiras de mobilizar o seu povo para consumir menos e poluir menos, além de promover ações para que todos tenham acesso ao desenvolvimento (morar com dignidade, estudar, trabalhar e se divertir, por exemplo), sem precisar prejudicar o país vizinho, e ainda ajudar no crescimento das outras nações.

[...]

Com toda certeza, não será tarefa fácil encontrar caminhos para fazer tudo isso acontecer, mas é preciso vontade e engajamento. [...]

Participando ou não da Rio + 20, você pode se escalar como guardião do planeta. A Terra precisa de pessoas que realmente entendam e ajam pela conservação da natureza. A CHC organizou uma lista [...] para você acionar a sua consciência ecológica no dia a dia.

Use os dois lados do papel

Milhões de toneladas de papel vão para o lixo todo ano. Portanto, na hora de escrever um pequeno bilhete ou imprimir algo para estudar, use os dois lados do papel ou faça papel de papel reciclado.

Regule a água na hora de escovar os dentes

Nada de se esquecer da vida e ficar com torneira aberta na hora de escovar os dentes. A água desperdiçada pelo ralo da sua casa certamente está fazendo muita falta a alguém em algum lugar do planeta.

Plante árvores

Plantar árvores faz bem para o ar e para o nosso bem-estar. Afinal de contas, quando elas crescem tornam o ambiente mais fresco, dão sombra, frutos e podem até ajudar a economizar no ar-condicionado. [...]

Tome banhos mais curtos

Sabia que cada dois minutos a menos no banho economizam quase três litros de água? Então, seja rápido e nada de cantar no chuveiro!

Use lâmpadas fluorescentes

Elas gastam menos energia — logo, são mais econômicas — do que as incandescentes. Além disso, como duram mais, menos cartuchos são descartados e jogados na natureza, o que polui menos.

Desligue televisores e computadores durante a noite

Nunca passou pela sua cabeça tirar o computador ou a televisão da tomada? Puxa, você e seus amigos dormem, por que seu computador não pode também? Brincadeira! É que aquela minúscula luz acesa indica que há energia sendo consumida.

Trabalhe em casa

Não deve ser ainda o seu caso ir para o trabalho, mas seus pais, irmãos ou responsáveis podem pensar no assunto. Trabalhar em casa é uma boa alternativa para economizar gasolina, poluir menos o ambiente e ainda poupar dinheiro. A internet é uma das ferramentas utilizadas nestes casos; o telefone, também. Se for impossível, sugira uma caminhada, algumas pedaladas ou uma carona. Já viu a quantidade de gente que anda sozinha no carro?

Lave as roupas com água fria

Na maior parte do Brasil, as roupas são lavadas com água fria mesmo. Mas algumas pessoas criaram o hábito de programar a máquina de lavar para usar água quente. Pois saiba que usando a máquina de lavar já gastamos energia, com água quente, então, aumentamos esse consumo consideravelmente. Sofrem o bolso e o meio ambiente.

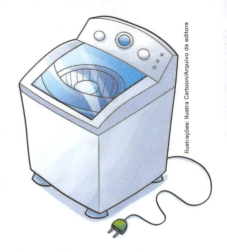

Doe mais

Antes de jogar algo fora, pense se alguém não poderia fazer uso do que você está dispensando. Roupas e brinquedos, por exemplo, você pode doar para alguma instituição social ou anunciar na internet para troca ou venda. Antes, porém, peça autorização ao seu responsável.

Pague suas contas *on-line*

Essa é uma superdica para você repassar ao pessoal de casa. Algumas estimativas demonstram que, se boa parte das pessoas pagasse suas contas *on-line* e recebesse comprovantes eletrônicos em vez de papel, estaríamos salvando bilhões de árvores todo ano e diminuindo toneladas de lixo.

Use fósforos no lugar dos acendedores

Outra dica para você dar aos mais velhos: a maior parte dos acendedores é feita de plástico e contém gás butano, ambos derivados do petróleo. Eles são considerados "descartáveis" e bilhões vão parar em aterros todo ano. Prefira os fósforos e, mais ainda, os que têm cabo de papelão, porque os de madeira vêm de árvores, enquanto os de papelão são feitos de papel reciclado.

Evite sacolas plásticas

Os supermercados já perceberam isso, mas ainda existem muitos lugares que continuam utilizando as sacolas plásticas, que demoram centenas de anos para se desfazerem no ambiente. Quando for às compras, leve a sua sacola de casa!

Apague as luzes ao sair

Um ato simples, quase automático. É só apertar o interruptor, "clique", e pronto! Você economiza nas contas e ainda ajuda o meio ambiente, poupando energia.

Evite ligar o ar-condicionado

Use o ar-condicionado apenas quando for realmente necessário. Os ventiladores consomem menos, logo são a melhor alternativa nos dias mais frescos.

Recicle o lixo

Plástico, metal, vidro, papel e outros materiais, se reciclados, podem ajudar na preservação do meio ambiente. A reciclagem de papel, por exemplo, proporciona uma redução no desmatamento. É importante ter muito cuidado, também, com descarte de pilhas e baterias, que têm elementos extremamente prejudiciais à natureza e devem ser liberados somente em lugares apropriados.

Embrulhe com criatividade

Você pode reutilizar suas sacolas e embrulhos de presente. Faça algo único, um embrulho artesanal usando materiais diversos de que você dispuser em casa. Você estará sendo original e ecológico!

Felipe Cabral Miranda, Instituto de Biofísica, Universidade Federal do Rio de Janeiro. **Ciência Hoje das Crianças**, ano 25, n. 235. Rio de Janeiro: SBPC, jun. 2012. (Texto adaptado).

Por dentro do texto

1 Sobre qual evento é a reportagem?

....

....

2 O que foi discutido na Rio + 20?

....

....

3 Em que revista a reportagem foi publicada?

....

4 Pelo título da revista, pode-se afirmar que a maior parte dos leitores dela são:

( ) pessoas que querem aprender novas receitas culinárias.

( ) crianças e jovens que se interessam por ciências e assuntos afins.

( ) executivos que desejam ter informações sobre negócios e economia.

5 Com que objetivo a revista organizou uma lista com dicas para o leitor?

....

....

6 Com base nas informações da lista, assinale **V** (verdadeiro) ou **F** (falso).

( ) Economizar papel ajuda na preservação do meio ambiente, por isso é importante usar os dois lados da folha.

( ) Apagar as luzes ao sair de um lugar é bom para gastar menos dinheiro, mas não faz diferença para a preservação do meio ambiente.

( ) Deixar a torneira fechada ao escovar os dentes e tomar banhos mais rápidos são medidas simples que ajudam a economizar água.

Texto 3 – Rio + 20: dicas para salvar o planeta

7 De acordo com o texto, o que é desenvolvimento sustentável?

....

....

....

8 Releia, no texto, a dica sobre banho e responda às questões a seguir.

a) Qual é a definição da palavra **curto** no dicionário?

....

....

....

b) Qual é o sentido da palavra **curto** na frase "Tome banhos mais curtos"?

....

....

9 Das dicas listadas, qual delas você acha que é a mais difícil de realizar? E a mais fácil?

....

10 Você acrescentaria algum item à lista? Qual(is)?

....

11 Releia o trecho a seguir:

"Com toda certeza, não será tarefa fácil encontrar caminhos para fazer tudo isso acontecer, mas é preciso vontade e **engajamento**."

o A palavra destacada significa:

◯ rapidez, pressa.　　　◯ alegria.　　　◯ participação ativa.

12 Pesquise um pouco mais sobre a Rio + 20, faça um resumo no caderno com as informações que você encontrou e, depois, apresente aos colegas.

Aprendendo gramática

● Verbo pôr

Leia a frase abaixo e observe o verbo destacado.

> Regina **põe** as compras em uma sacola de tecido.

A forma verbal **põe** é uma das flexões do verbo **pôr**.

O verbo **pôr**, embora não termine em **er**, é considerado verbo da segunda conjugação, pois vem da forma arcaica **poer**.

Aprenda a conjugar o verbo **pôr**. Ele serve de modelo para a conjugação dos demais verbos dele derivados, como **compor**, **repor**, **decompor**, **dispor**, **transpor** e **propor**.

Modo indicativo					
Presente	Pretérito imperfeito	Pretérito perfeito	Pretérito mais-que--perfeito	Futuro do presente	Futuro do pretérito
Eu ponho	punha	pus	pusera	porei	poria
Tu pões	punhas	puseste	puseras	porás	porias
Ele/Ela põe	punha	pôs	pusera	porá	poria
Nós pomos	púnhamos	pusemos	puséramos	poremos	poríamos
Vós pondes	púnheis	pusestes	puséreis	poreis	poríeis
Eles/Elas põem	punham	puseram	puseram	porão	poriam

Modo subjuntivo		
Presente	Pretérito imperfeito	Futuro
Que eu ponha	Se eu pusesse	Quando eu puser
Que tu ponhas	Se tu pusesses	Quando tu puseres
Que ele/ela ponha	Se ele/ela pusesse	Quando ele/ela puser
Que nós ponhamos	Se nós puséssemos	Quando nós pusermos
Que vós ponhais	Se vós pusésseis	Quando vós puserdes
Que eles/elas ponham	Se eles/elas pusessem	Quando eles/elas puserem

Texto 3 – Rio + 20: dicas para salvar o planeta

Modo imperativo	
Afirmativo	**Negativo**
–	–
Põe tu	Não ponhas tu
Ponha você	Não ponha você
Ponhamos nós	Não ponhamos nós
Ponde vós	Não ponhais vós
Ponham vocês	Não ponham vocês

O radical do verbo **pôr** muda em diferentes tempos verbais, não seguindo o modelo da segunda conjugação. Por isso, ele é classificado como **verbo irregular**.

1 Complete as frases, fazendo a concordância do verbo **pôr** com o pronome. Siga o tempo e o modo verbal do exemplo.

a)

Tu .... o prato no armário.

Ele .... o prato no armário.

Nós .... o prato no armário.

Vós .... o prato no armário.

Eles .... o prato no armário.

b)

Tu .... o livro na mochila.

Ele .... o livro na mochila.

Nós .... o livro na mochila.

Vós .... o livro na mochila.

Eles .... o livro na mochila.

c) Eu porei o dinheiro na carteira.

Tu .... o dinheiro na carteira.

Ele .... o dinheiro na carteira.

Nós .... o dinheiro na carteira.

Vós .... o dinheiro na carteira.

Eles .... o dinheiro na carteira.

Unidade 4

2 Complete as frases com o verbo **pôr** no presente do subjuntivo.

a) Deixe que eu .... o vestido no cabide.

b) Espero que tu .... a carta no correio.

c) Tomara que ele .... minha encomenda no correio amanhã.

d) Mamãe quer que nós .... os desenhos nesta pasta.

e) Todos esperam que vós .... as tarefas em dia.

f) Espero que eles .... os livros nos lugares certos.

3 Observe o verbo e a pessoa indicada nos parênteses e escreva a forma verbal correspondente ao imperativo afirmativo.

a) compor (tu)

.... a segunda parte do poema.

b) repor (você)

.... o dinheiro que eu retirei de nossa poupança.

4 Observe os quadrinhos.

Revista Cascão, n. 50, de Mauricio de Sousa. São Paulo: Panini Comics, fev. 2011.

o Agora complete as frases com o verbo **pôr** no tempo e no modo indicados.

a) O Cascão pega o copo e o .... no lixo. (presente – modo indicativo)

b) O Cascão pegou o copo e o .... no lixo. (pretérito perfeito – modo indicativo)

c) Se o Cascão encontrar mais lixo no chão, ele .... na lixeira. (futuro do presente – modo indicativo)

Escrevendo certo

● por, pôr

Leia estas frases e observe as palavras destacadas.

> O Banco Central é o órgão responsável pela troca de cédulas velhas **por** cédulas novas.
>
> **Pôr** as cédulas abertas na carteira é uma forma de não danificá-las.

Na primeira frase, **por** é uma preposição; não leva acento. Na segunda, **pôr** é verbo; é acentuado.

> **por** → preposição
>
> **pôr** → verbo

1 Classifique as palavras destacadas.

a) A moeda brasileira circula **por** muitas mãos até ser recolhida.

....

b) Convém **pôr** a sobremesa na geladeira?

....

2 Leia as frases e complete com **por** ou **pôr**.

a) A exposição foi vista .... milhares de pessoas.

b) Vovó costuma .... o lixo reciclável em uma caixa grande antes de separá-lo.

3 Reescreva as frases, substituindo o verbo **pôr** pelo verbo **colocar**.

a) Temos bastante tempo para **pôr** a conversa em dia.

....

b) A menina resolveu **pôr** em uma sacola as roupas que serão doadas.

....

O tema é...

Consumo consciente

Quem gosta de fazer compras tem dificuldade para controlar o desejo de ter o tênis da moda ou o último modelo de celular. O que as pessoas talvez não pensem na hora de consumir é como e em que quantidade os produtos são fabricados ou qual será o destino deles quando deixarem de ser úteis.

Depósito de lixo eletrônico em Lagos, Nigéria, 2008.

Reprodução/<http://www.ban.org>

Pessoas comprando em *shopping center*.

Kaspars Grinvalds/Shutterstock/Glow Images

Fábrica de vestuário na China, 2014.

Zhenjiang Daily/ImagineChina/Agência France-Presse

Alexandru Nika/Shutterstock/Glow Images

- Você se considera consumista?
- Você sabe como são feitos os produtos que consome?
- O que você faz com os produtos que não quer mais usar?

Você sabia?

O dia 15 de outubro é o Dia do Consumo Consciente. A data nacional foi instituída pelo Ministério do Meio Ambiente para chamar a atenção das pessoas sobre a importância desse tema.

- O que é consumo consciente?
- Em sua opinião, qual é a melhor maneira de comemorar essa data?
- Pensar na importância do consumo consciente só uma vez ao ano é suficiente? Por quê?
- Você acha essa data importante?

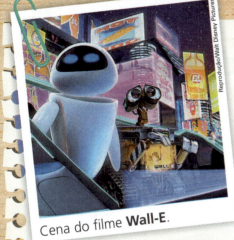
Cena do filme **Wall-E**.

Saiba o que fazer na hora de descartar seu eletrônico usado

O filme **Wall-E** dá um alerta para a quantidade de lixo produzida por uma sociedade extremamente consumista – a função do simpático robô é compactar esses itens descartados e organizá-los em pilhas. Um dos fatores que pode contribuir para o aumento da quantidade de lixo é o consumo de equipamentos eletrônicos, que sempre são substituídos de forma rápida por modelos mais atuais.

Para evitar o agravamento do problema do lixo, os consumidores de eletrônicos devem dar um destino adequado a seus aparelhos obsoletos. Basicamente, quando ainda estão funcionando eles podem ser doados ou vendidos. E, no caso de não funcionarem mais, também é possível devolvê-los a alguns fabricantes para que eles façam a reciclagem adequada.

O Globo. Disponível em: <http://g1.globo.com/Noticias/Tecnologia/0,,MUL615099-6174,00-SAIBA+O+QUE+FAZER+NA+HORA+DE+DESCARTAR+SEU+ELETRONICO+USADO.html>. Acesso em: 29 jan. 2015.

- Você e as pessoas com quem você convive têm muitos aparelhos eletrônicos, como celulares, televisores, *tablets* e computadores?

- Qual é o impacto do excesso de consumo no meio ambiente?

Pare, pense... e só depois consuma!

Lembre-se sempre. Antes de comprar ou adquirir um produto, é importante fazer algumas perguntas para si mesmo. A compra consciente pode ajudar a reduzir a Pegada Ecológica e ajudar a causar menos danos ao mundo que habitamos.

- Necessito, mesmo, desse produto ou serviço?
- Ele é econômico? Não poluente? É reciclável?
- Seus ingredientes ou componentes são obtidos respeitando-se a conservação do meio ambiente e da saúde humana?
- Ele é seguro?
- A empresa respeita os direitos dos trabalhadores?
- A empresa respeita os direitos do consumidor?

ONG WWF. Disponível em: <www.wwf.org.br/?41842>. Acesso em: 29 jan. 2015.

- O que é Pegada Ecológica? Faça uma pesquisa para responder.

- Você acredita que pensar nessas perguntas pode ajudar alguém a consumir menos? Por quê?

249

Texto 4

Combate ao desperdício: use, mas não abuse

Combater o desperdício é usar energia de forma inteligente e assumir um compromisso com a preservação do planeta, trabalhando para que máquinas e equipamentos de todos os tipos funcionem bem sem consumir nossas reservas naturais de água, carvão, madeira, gás, petróleo, etc.

Hoje sabemos que é possível consumir menos energia aumentando a eficiência das máquinas nas fábricas, instalando equipamentos apropriados para a conservação de produtos nos estabelecimentos comerciais, dando atenção especial aos sistemas de refrigeração e iluminação nas residências e utilizando lâmpadas e eletrodomésticos eficientes. O racionamento pelo qual o Brasil teve de passar em 2001 nos ensinou muito sobre redução de consumo.

Mas não aprendemos apenas a economizar energia. Descobrimos também que o combate ao desperdício não é só responsabilidade dos consumidores e que o governo também precisa fazer a parte que lhe cabe, dando maior atenção aos sistemas de iluminação pública e transporte, sem esquecer da segurança e do conforto da população; mudando os hábitos e os horários em escritórios e edifícios públicos, sem prejudicar o desenvolvimento do país; e, principalmente, incentivando os investimentos das empresas em geração, transmissão e distribuição de energia.

Investir e reduzir as perdas em todas as etapas da produção, com a aplicação de novas tecnologias e a manutenção dos equipamentos mais antigos, além de contribuir para a economia do país, é fundamental para a segurança de trabalhadores e usuários.

É importante lembrar que combater o desperdício não significa fazer racionamento e não implica, necessariamente, a perda da qualidade de vida ou o **comprometimento** da produtividade e do desenvolvimento do país. É possível economizar energia e fazer o país crescer ao mesmo tempo.

O racionamento acontece em situações emergenciais e temporárias quando, além da falta de investimentos e planejamentos, esquecemos que **princípios básicos** de boa convivência entre o ser humano e o meio ambiente devem **vigorar** sempre. Um não pode viver sem o outro. Devemos nos empenhar para preservar nossas reservas e para não provocar alterações significativas no meio ambiente, pois as reações da natureza são imprevisíveis. É possível, por exemplo, que algumas regiões fiquem sem chuva por tanto tempo que a terra seja prejudicada de forma **irreversível**. Sem água, fica impossível produzir grande parte da energia que consumimos, mas, pior do que isso, sem água não existe vida.

comprometimento: prejuízo.

irreversível: sem possibilidade de retornar ao estado anterior.

princípios básicos: regras essenciais.

racionamento: limitação do consumo de certos bens.

vigorar: valer.

Luz e força movimentando a História, de Liliana Neves Cordeiro de Mello (Coord.). Rio de Janeiro: Centro da Memória da Eletricidade no Brasil, 2003. (Texto adaptado).

Unidade 4

Por dentro do texto

1 O assunto do texto é:

◯ a preservação do planeta.

◯ o desenvolvimento do país.

◯ a economia do país.

◯ a aplicação de novas tecnologias.

2 Segundo o texto, o que é combater o desperdício?

....

....

....

3 De acordo com o texto, é possível consumir menos energia nos estabeleci-mentos comerciais e em casas. Explique de que forma isso pode ser feito.

....

....

....

....

4 Releia este trecho:

"O racionamento pelo qual o Brasil teve de passar em 2001 nos ensinou muito sobre redução de consumo."

○ Isso significa que em 2001 o Brasil:

◯ ampliou o consumo de energia.

◯ limitou o consumo de energia.

◯ não teve problemas com a distribuição de energia.

Texto 4 – Combate ao desperdício: use, mas não abuse

5 Você sabe de onde vem a energia elétrica? Leia o texto a seguir.

[...]

As fontes de energia mais utilizadas hoje em dia vêm de recursos naturais, que são bens escassos. Isso quer dizer que um dia elas vão acabar. É o que acontece com o petróleo, por exemplo. A partir dele, são feitos a gasolina e o óleo *diesel*, que movem carros, caminhões e ônibus. Mas o petróleo, que é retirado de camadas bem profundas da Terra, vai deixar de existir um dia.

No Brasil, 90% da energia elétrica que chega às nossas casas é produzida nas usinas hidrelétricas, que usam a força da água dos rios. Essas usinas não causam sujeira, mas podem alterar o curso dos rios e afetar a flora e a fauna do lugar onde ficam instaladas. Isso quer dizer que, quanto mais usinas tivermos, mais riscos de estarmos alterando o meio ambiente.

É por isso que cientistas estão pesquisando outros meios de levar a energia até nossas casas. A ideia é que todos possam continuar jogando *videogame* e andando de carro por aí, mas sem acabar com os recursos da natureza ou destruir o meio ambiente. Você deve estar pensando: "Que bom! Mas como isso é possível?".

Roberto Schaeffer responde: "Não faltam opções para gerarmos energia limpa e renovável. A energia eólica, que é gerada através dos ventos, a biomassa, que é produzida a partir do bagaço da cana-de-açúcar, e a energia solar, gerada com o calor e a radiação do Sol, são bons exemplos disso".

Outra solução, que é sempre bem-vinda, é a... economia! Acredita que, se todos os brasileiros economizassem energia em pequenas ações do dia a dia, só gastaríamos metade da energia que usamos atualmente?! E isso se pode fazer com atitudes simples, como apagar uma lâmpada ou tomar um banho menos demorado...

Vamos tentar? É preciso cuidar do nosso planeta para aproveitar o que ele tem de melhor por muito, muito tempo...

Energia limpa, de Nicolly Vimercate, Instituto Ciência Hoje. Disponível em: <http://chc.cienciahoje.uol.com.br/energia-limpa>. Acesso em: 9 mar. 2015.

• Em grupo, façam uma pesquisa sobre as opções de energia limpa e renovável citadas no texto. Depois, criem cartazes ilustrados sobre elas. Esses cartazes podem ser colocados no mural da sala de aula.

6 Escreva no caderno um pequeno texto sobre as principais atitudes adotadas em sua casa para economizar energia elétrica.

Unidade 4

253

Aprendendo gramática

Conjugação de verbo auxiliar

Observe a frase.

> Paulo **tem tomado** banhos rápidos todos os dias.

Paulo **tem** **tomado** banhos rápidos todos os dias.

verbo **ter** → verbo auxiliar

verbo **tomar** → verbo principal

O verbo **tomar** — verbo principal — é auxiliado, na conjugação, pelo verbo **ter**. **Ter** é um **verbo auxiliar**.

Os verbos auxiliares mais comuns são: **ser**, **ter**, **haver** e **estar**.

Leia as frases e observe o que está em destaque.

> Paulo **foi comprar** lâmpadas mais econômicas.
> Os alunos **estão fazendo** as atividades silenciosamente.
> Ela **havia chegado** de viagem quando liguei.
> Minha irmã **está assando** um bolo.

Os verbos principais, nas frases acima, vêm numa forma nominal: **particí-pio** (chegado), **gerúndio** (fazendo, assando) ou **infinitivo** (comprar).

Observe, a seguir, a conjugação desses verbos auxiliares.

Modo indicativo

Presente				Pretérito imperfeito			
Eu sou	tenho	hei	estou	era	tinha	havia	estava
Tu és	tens	hás	estás	eras	tinhas	havias	estavas
Ele/Ela é	tem	há	está	era	tinha	havia	estava
Nós somos	temos	havemos	estamos	éramos	tínhamos	havíamos	estávamos
Vós sois	tendes	haveis	estais	éreis	tínheis	havíeis	estáveis
Eles/Elas são	têm	hão	estão	eram	tinham	haviam	estavam

Texto 4 – Combate ao desperdício: use, mas não abuse

Pretérito perfeito				Pretérito mais-que-perfeito			
Eu fui	tive	houve	estive	fora	tivera	houvera	estivera
Tu foste	tiveste	houveste	estiveste	foras	tiveras	houveras	estiveras
Ele/Ela foi	teve	houve	esteve	fora	tivera	houvera	estivera
Nós fomos	tivemos	houvemos	estivemos	fôramos	tivéramos	houvéramos	estivéramos
Vós fostes	tivestes	houvestes	estivestes	fôreis	tivéreis	houvéreis	estivéreis
Eles/Elas foram	tiveram	houveram	estiveram	foram	tiveram	houveram	estiveram

Futuro do presente				Futuro do pretérito			
Eu serei	terei	haverei	estarei	seria	teria	haveria	estaria
Tu serás	terás	haverás	estarás	serias	terias	haverias	estarias
Ele/Ela será	terá	haverá	estará	seria	teria	haveria	estaria
Nós seremos	teremos	haveremos	estaremos	seríamos	teríamos	haveríamos	estaríamos
Vós sereis	tereis	havereis	estareis	seríeis	teríeis	haveríeis	estaríeis
Eles/Elas serão	terão	haverão	estarão	seriam	teriam	haveriam	estariam

Modo subjuntivo

Presente			
Que eu seja	Que eu tenha	Que eu haja	Que eu esteja
Que tu sejas	Que tu tenhas	Que tu hajas	Que tu estejas
Que ele/ela seja	Que ele/ela tenha	Que ele/ela haja	Que ele/ela esteja
Que nós sejamos	Que nós tenhamos	Que nós hajamos	Que nós estejamos
Que vós sejais	Que vós tenhais	Que vós hajais	Que vós estejais
Que eles/elas sejam	Que eles/elas tenham	Que eles/elas hajam	Que eles/elas estejam

Pretérito imperfeito			
Se eu fosse	Se eu tivesse	Se eu houvesse	Se eu estivesse
Se tu fosses	Se tu tivesses	Se tu houvesses	Se tu estivesses
Se ele/ela fosse	Se ele/ela tivesse	Se ele/ela houvesse	Se ele/ela estivesse
Se nós fôssemos	Se nós tivéssemos	Se nós houvéssemos	Se nós estivéssemos
Se vós fôsseis	Se vós tivésseis	Se vós houvésseis	Se vós estivésseis
Se eles/elas fossem	Se eles/elas tivessem	Se eles/elas houvessem	Se eles/elas estivessem

Futuro			
Quando eu for	Quando eu tiver	Quando eu houver	Quando eu estiver
Quando tu fores	Quando tu tiveres	Quando tu houveres	Quando tu estiveres
Quando ele/ela for	Quando ele/ela tiver	Quando ele/ela houver	Quando ele/ela estiver
Quando nós formos	Quando nós tivermos	Quando nós houvermos	Quando nós estivermos
Quando vós fordes	Quando vós tiverdes	Quando vós houverdes	Quando vós estiverdes
Quando eles/elas forem	Quando eles/elas tiverem	Quando eles/elas houverem	Quando eles/elas estiverem

Modo imperativo

Afirmativo

–	–	–	–
Sê tu	Tem tu	Há tu	Está tu
Seja você	Tenha você	Haja você	Esteja você
Sejamos nós	Tenhamos nós	Hajamos nós	Estejamos nós
Sede vós	Tende vós	Havei vós	Estai vós
Sejam vocês	Tenham vocês	Hajam vocês	Estejam vocês

Negativo

–	–	–	–
Não sejas tu	Não tenhas tu	Não hajas tu	Não estejas tu
Não seja você	Não tenha você	Não haja você	Não esteja você
Não sejamos nós	Não tenhamos nós	Não hajamos nós	Não estejamos nós
Não sejais vós	Não tenhais vós	Não hajais vós	Não estejais vós
Não sejam vocês	Não tenham vocês	Não hajam vocês	Não estejam vocês

Os verbos **ser**, **ter**, **haver** e **estar** nem sempre acompanham outra forma verbal. Nesse caso, não são verbos auxiliares.

1 Complete as frases, fazendo a concordância do verbo com o pronome. Siga o tempo e o modo verbal do exemplo.

a) Se eu tivesse dinheiro, compraria aquela roupa.

Se tu .... dinheiro, ... aquela roupa.

Se nós .... dinheiro, ... aquela roupa.

Se eles .... dinheiro, ... aquela roupa.

b) Quando eu tiver dinheiro, comprarei aquela roupa.

Quando tu .... dinheiro, ... aquela roupa.

Quando nós .... dinheiro, ... aquela roupa.

Quando eles .... dinheiro, ... aquela roupa.

c) Não tenha medo. (você)

Não .... medo. (nós)   Não .... medo. (vocês)

Texto 4 – Combate ao desperdício: use, mas não abuse

2 Leia as orações abaixo.

> Dona Olga está no hospital. Ela é enfermeira.

a) Circule os verbos dessas orações.

b) Nessas orações, os verbos que você circulou são **verbos auxiliares**? Por quê?

....

....

....

O verbo auxiliar acompanhado de um verbo principal forma uma **locução verbal**.

Veja o exemplo:

Márcia **estava andando** de bicicleta.

> locução
> verbal

Ilustrações: Ilustra Cartoon/Arquivo da editora

3 Sublinhe as locuções verbais das frases abaixo.

a) Você tinha de chegar logo agora?

b) Rui havia almoçado, mas ainda estava com fome.

c) Joana foi eleita representante da turma.

Existem outros verbos que também podem ter a função de auxiliares, formando, com o verbo principal, uma locução verbal.

Veja o exemplo:

Eu **vou andar** de bicicleta.

> locução
> verbal

4 Leia as frases e complete o quadro. Veja o exemplo.

a) O bebê continua brincando.　　**c)** Vamos passear na praça?

b) Flávia saiu correndo.　　　　　　**d)** Pode comer à vontade!

Locuções verbais	
Verbo auxiliar	**Verbo principal**
a) continua	brincando
b)	
c)	
d)	

5 Leia os quadrinhos e circule as locuções verbais.

Revista **Castelo Rá-Tim-Bum**, ano 1, n. 5. São Paulo: Camelot, abril de 1998.

● Agora, utilizando a primeira locução verbal que você circulou, conjugue o verbo auxiliar no presente do modo indicativo acompanhado do verbo principal. Observe o exemplo.

Eu estou perdido.　　　　　Nós _____.

Tu _____.　　　　Vós _____.

Ele _____.　　　　Eles _____.

Escrevendo certo

por que, porque, por quê, porquê

Usamos a expressão **por que** para fazer uma pergunta:

> **Por que** não haverá aula amanhã? (pergunta direta)
>
> Todos querem saber **por que** não haverá aula amanhã. (pergunta indireta)

Usamos a palavra **porque** para dar uma resposta ou uma explicação.

> Não haverá aula amanhã **porque** será dia de festa na escola.

Usamos a expressão **por quê** no final de frase interrogativa seguida de ponto de interrogação ou de ponto-final.

> Você está pensativa! **Por quê?**
>
> Você também está pensativa. Diga-**me por quê.**

Usamos a palavra **porquê** precedida dos artigos **o**, **os**, **um**, **uns**. Nesse caso, **porquê** é um substantivo que equivale a **causa**, **motivo**, **razão**.

> Gosto de saber o **porquê** (a causa) de tudo.
>
> Gosto de saber os **porquês** (os motivos) de tudo.

1 Complete o diálogo com **porque**, **por que**, **por quê** ou **porquê**.

VOCÊ NÃO ME TELEFONOU ONTEM ....?

.... EU NÃO ESTAVA EM CASA.

.... VOCÊ NÃO ME AVISOU QUE IA SAIR?

AGORA NÃO POSSO LHE DIZER O .... ESTOU ATRASADO.

Ilustrações: Ilustra Cartoon/Arquivo da editora

2 Leia o texto abaixo e reescreva as perguntas substituindo as ilustrações por palavras.

> Mabel gostava de acordar bem cedinho. Levantava da cama, escovava os dentes, penteava os cabelos e já começava a viver a vida e fazer um montão de perguntas:
>
> — Por que precisamos _____ todas as noites?
>
> ....
>
> — Por que os _____ latem e os _____ miam?
>
> ....
>
> — Por que o _____ tem dente e não sabe dar risada?
>
> ....
>
> **Os porquês do coração**, de Conceil Corrêa da Silva e Nye Ribeiro Silva. São Paulo: Editora do Brasil, 2010.

a) Explique o uso de **por que** nas frases que você reescreveu.

....

....

b) Escolha uma das perguntas do texto e responda-a.

....

....

3 Reescreva as frases, substituindo **porquê** por **motivo** ou **razão**.

a) Você não explicou o **porquê** do cancelamento da sua viagem.

....

b) Quer saber o **porquê** da minha visita?

....

c) Eu não sei o **porquê** dessa discussão!

....

Vocês e a reciclagem de papel

Chico Papeleta, um menino feito de papel, explica como podemos reciclar papel e assim ajudar a preservar a natureza.

Os papéis bons para a reciclagem e que vocês podem enviar para a coleta seletiva são: caixas de papelão, jornais, revistas, rascunhos, papel de fax e embalagem longa-vida.

Não se esqueçam de que existem tipos de papéis que não podem ser reciclados: o papel higiênico, o papel-carbono, as fitas e etiquetas adesivas e as fotografias. Esses papéis possuem colas, produtos químicos ou sujeiras que prejudicam o resultado no processo de reciclagem.

Agora, eu vou ensinar a vocês como reciclar, em casa, uma pequena quantidade de papel. É divertido!

Importante: peçam ajuda de um adulto para evitar acidentes.

Vocês vão precisar de:

- Uma peneira de fundo plano.
- Diferentes tipos de papel.
- Uma bacia larga.
- Folhas de jornal.
- Pano seco.
- Água.

Ilustra Cartoon/Arquivo da editora

Modo de fazer

1. Rasguem os papéis (menos os jornais) em pedaços bem pequenos.

2. Coloquem os pedaços de papel em uma bacia com água por 24 horas.

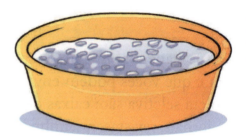

3. Separem pequenas porções do papel molhado e batam no liquidificador com um litro de água até desmanchar bem e formar uma massa. Peçam ajuda de um adulto para utilizar o liquidificador.

4. Coloquem a massa novamente em uma bacia com água pela metade. Agitem a massa com a mão para que ela não fique depositada no fundo da bacia.

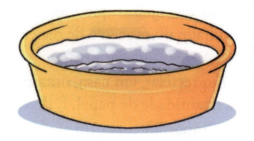

5. Coloquem a peneira dentro da água pela lateral da bacia com cuidado e depois a retirem deixando uma camada fina de massa de papel dentro dela.

6. Passem a mão para retirar o excesso de água. Coloquem a peneira com a massa sobre algumas folhas de jornal para secar. Troquem o jornal quando estiver encharcado.

Texto 5 – Vocês e a reciclagem de papel

7. Cubram a peneira com um pano e apertem com a mão até a massa ficar quase seca e se tornar uma folha de papel reciclado.

8. Virem a folha de papel reciclado sobre uma folha de jornal seco. Ela deverá se soltar com facilidade. Se isso não ocorrer repitam o processo.

9. Coloquem a folha de papel entre folhas de jornal por 24 horas ou a pendurem no varal para secar.

10. No dia seguinte seu papel reciclado estará pronto!

11. Guardem as sobras de massa de papel em potes com tampas, na geladeira, se quiserem fazer mais papel num outro dia.

Atividades

○ Usem as folhas de papel reciclado que vocês acabam de fazer como papel de carta. Façam um desenho bem bonito na parte superior de cada folha.

○ Separem algumas folhas e confeccionem envelopes para suas cartas.

Chico Papeleta e a reciclagem de papel, de Nereide Schilaro Santa Rosa. São Paulo: Moderna, 2006.

Por dentro do texto

1 O texto fala especificamente da reciclagem do papel. Quais são os tipos desse material bom para a reciclagem?

....

....

2 Em quantas etapas está dividido o "Modo de fazer"?

....

3 Releia no texto o "Modo de fazer" e circule todos os verbos de ação no imperativo nele encontrados.

- Agora copie esses verbos nas linhas abaixo.

....

....

....

4 Copie as etapas 1 e 2 do "Modo de fazer", passando o verbo de ação no imperativo para o infinitivo.

....

....

....

....

5 Pela estrutura do texto, ele se assemelha a:

◯ um poema. ◯ uma receita culinária. ◯ uma fábula.

6 Você já leu algum outro texto com essa estrutura? O que ele ensinava a fazer?

....

....

Texto 5 – Vocês e a reciclagem de papel

7 Você sabe o que é coleta seletiva do lixo? Assinale a imagem onde isso parece estar sendo feito.

8 Explique o que é reciclagem de lixo.

....

....

....

9 Você já deve saber que a coleta seletiva é a separação de papéis, vidros, plásticos, latas e lixo orgânico para que cada material coletado possa ser enviado ao seu local de reciclagem. E as cores da reciclagem, você sabe quais são? Pesquise e pinte os latões.

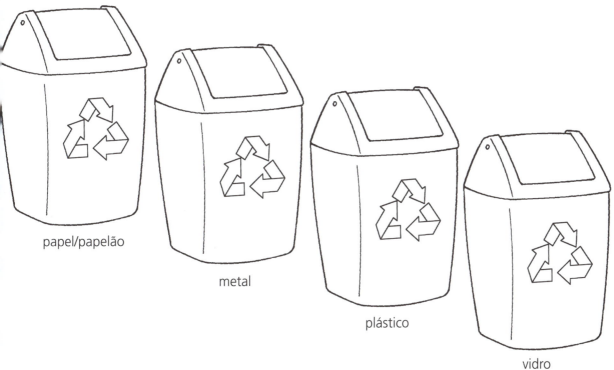

papel/papelão

metal

plástico

vidro

Unidade 4

Aprendendo gramática

● Oração

Releia este trecho do texto:

"No dia seguinte seu papel reciclado **estará** pronto!"

estará → verbo

A frase acima é uma **oração**.

Recebe o nome de **oração** a frase, ou a parte de uma frase, que se organiza a partir de um verbo ou de uma locução verbal.

Fique por dentro!

Frase é uma palavra ou um conjunto organizado de palavras que apresenta sentido completo. A frase pode ser:

- **nominal**: que não tem verbo. Exemplos: Cuidado!; Socorro!.

- **verbal**: que tem verbo. Nesse caso a frase é chamada de **oração**. Exemplo: Sílvia correu para pegar o ônibus.

1 Assinale as frases abaixo que não são orações.

◯ A aula já terminou.

◯ Boa viagem!

◯ Já fizeram a lição?

◯ Ideia interessante.

◯ Belo jogo!

a) Explique por que as frases que você assinalou não são orações.

....

....

b) Transforme em orações as frases que você assinalou.

....

....

....

2 A frase pode ter uma ou mais orações. Veja o exemplo:

A população **precisa** mudar hábitos e **produzir** menos lixo.

verbo da oração 1   verbo da oração 2

○ Agora sublinhe os verbos e escreva nos círculos quantas orações há em cada frase.

a) O rapaz chegou, tocou o interfone e entregou as flores. ◯

b) Ontem nós saímos à noite. ◯

c) Meu pai viajou e eu chorei. ◯

d) A graciosa menina andava, cumprimentava a todos e sorria. ◯

Escrevendo certo

esta, está/cessão, seção, sessão

Leia o balão ao lado e observe as palavras destacadas.

> **Esta** é pronome demonstrativo; não recebe acento. **Está** é uma forma conjugada do verbo **estar**; recebe acento agudo.

ESTA FRUT
ESTÁ UM
DELÍCIA!

Kzenon/Shutterstock/Glow Images

Esta e **está** são palavras **parônimas**: semelhantes na grafia e diferentes na significação.

Agora observe a grafia dos substantivos abaixo e seu significado:

- **cessão**: ato de ceder; doação.
- **seção**: divisão, setor.
- **sessão**: reunião; espaço de tempo; exibição de um filme ou programa.

Esses substantivos são palavras **homófonas**.

> Palavras **homófonas** são iguais na pronúncia e diferentes na significação e na grafia.

1 Complete as frases com **está** ou **esta**.

a) A mãe .... falando com o filho.

b) .... classe é muito aplicada.

c) O menino .... fascinado com a beleza da borboleta.

d) Como é linda .... paisagem!

2 Complete as frases com **sessão**, **seção** ou **cessão**.

a) Beto gosta de assistir aos filmes da .... do meio-dia.

b) O menino adora ler a .... de esportes do jornal.

c) A .... de livros infantis da biblioteca está bem organizada.

d) O autor fez a .... de seus direitos autorais à escola.

Texto 5 – Vocês e a reciclagem de papel

A historinha da aranha Aurinha

Em uma linda floresta
Lá na beira da cidade
Morava uma aranha
De 3 anos de idade
Que brincava nas plantinhas
Com muita felicidade.

O nome dessa aranha
Eu vou contar pra você
Ela se chama Aurinha
E todo amanhecer
Verifica sua teia
Procurando o que comer.

As aranhas fazem teia
Com fio bem pegajoso
Pra prender algum bichinho
Que lhe seja apetitoso
Depois enrola o animal
Num novelinho formoso.

[...]

Ilustra Cartoon/Arquivo da editora

A floresta onde mora
A nossa aranha Aurinha
É bem bonita e tranquila
Com muita água fresquinha
Fica tudo colorido
Quando é de tardezinha.

Mas existe uma cidade
Bem perto dessa floresta
Onde mora a aranha Aurinha
Onde todo dia há festa
Só que barulho de noite
Bicho de mata detesta.

A cidade cresceu tanto
Que até faltou lugar
Para construir mais casas
E alguém quis ajeitar
O problema derrubando
A mata pra nela entrar.

Resolvido esse problema
Começou a construção
A cidade cresceu tanto
Como um pé de feijão
E cresceu muito também
A sua população.

Derrubaram tanta árvore
Que contar todas não pude
E os animais da floresta?
— Quem não quer morrer se mude
Os bichinhos foram todos
Lá para beira do açude.

E todos os animais
Continuaram crescendo
Foi ficando volumoso
Com tanto bicho nascendo
Que na floresta pequena
Terminou já não cabendo.

Eles foram pra cidade
Por falta de mais espaço
E a aranha Aurinha
Começou a fazer laço
De teia em uma casa
No cantinho do terraço.

[...]

Até que um dia bem cedo
No terraço apareceu
Uma menina caçando
Um brinquedo que perdeu
E quando olhou para cima
A aranha percebeu.

— Mamãe, vem até aqui,
Veja que estranho bichinho
Ele tem oito patinhas
E o corpo é bem magrelinho
Tá lá no nosso terraço
Escondido num cantinho.

A mãe foi ver o tal bicho
No ambiente indicado
E explicou para a filha
Com jeitinho delicado
Que aquele bichinho lá
Está no lugar errado.
Depois que a mãe saiu

A menina procurou
Um banquinho pra subir
Para o bichinho olhou
E depois de observar
Bem baixinho perguntou:

Qual o seu nome, bichinho?
Por que você tá aqui?
Desça desse lugar alto
Que você pode cair
Será que está perdido
E não consegue sair?

[...]

Texto 6 – A historinha da aranha Aurinha

— O meu nome é Aurinha
Numa mata eu morei
Mas ela foi derrubada
O motivo eu não sei
Vim morar no seu terraço
Outro lugar não achei.

A menina disse a ela:
— Venha no quintal morar
A aranha aceitou
Sua teia foi armar
Todo dia a menininha
Vem aqui lhe visitar.

Mas ainda hoje Aurinha
Vive fazendo seus planos
De ver a mata crescer
Pra morar lá noutros anos
Será que pode contar
Com a ajuda dos humanos?

A historinha da aranha Aurinha, de Ana Raquel Campos.
Recife: Folheteria Campos de Versos, 2011.

Saiba mais

O texto que você leu é um **cordel**. Ele tem esse nome porque é publicado em livretos que são tradicionalmente vendidos pendurados em cordas.

Literatura de cordel à venda no centro Luiz Gonzaga de Tradições Nordestinas. Rio de Janeiro (RJ), 2012.

1 Onde vivia a aranha Aurinha antes de ir para o terraço da casa da menina?

....

2 Por que a aranha Aurinha foi viver na casa da menina?

....

....

3 Converse com seus colegas: é correto derrubar as árvores? Como a cidade poderia crescer sem tirar o espaço dos bichos?

4 O texto que você leu faz parte de um cordel. Veja a imagem abaixo e escreva **V** (verdadeiro) ou **F** (falso) nos itens a seguir.

Reprodução/Folheteria Campos de Versos

Autora: Ana Raquel Campos
CORDEL INFANTIL
A historinha da
ARANHA AURINHA
DILA
Recife - 3ª edição: 2011

○ As histórias de cordel são escritas em versos.

○ O cordel costuma ser declamado acompanhado de música.

○ As histórias de cordel são sérias e sempre apresentam um ensinamento ao final.

○ O cordel tem o objetivo de informar ao leitor fatos e acontecimentos do dia a dia.

5 No trecho do cordel que você leu, a aranha Aurinha vai morar na cidade porque houve um desmatamento na floresta onde ela morava. Em sua opinião, é importante preservar as florestas?

....

....

....

....

6 Por que as pessoas leem cordéis? Assinale a melhor resposta.

◯ Para obter informações sobre o que acontece nas florestas brasileiras.

◯ Para se entreter com histórias que são escritas em versos, com rimas e ritmo.

◯ Para estudar Geografia e a transformação do espaço rural em urbano.

7 Releia o texto prestando atenção às rimas. Em cada estrofe, quais são os versos que rimam entre si?

....

....

8 As figuras do cordel são feitas tradicionalmente por meio de uma técnica chamada xilogravura. Veja como as imagens são criadas:

1. Desenha-se sobre uma superfície plana de madeira.

3. Aplica-se a tinta sobre a madeira entalhada.

2. O desenho é entalhado, ou seja, a madeira é cavada para formar um relevo.

4. Coloca-se o papel sobre a madeira com tinta para que ele receba a impressão do desenho.

○ Que tal fazer uma xilogravura? Siga os passos acima, usando uma bandeja de isopor em vez de madeira e um lápis ou uma lapiseira para formar o relevo.

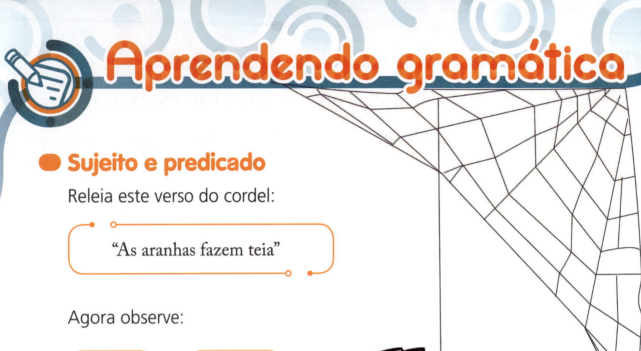

Aprendendo gramática

Sujeito e predicado

Releia este verso do cordel:

"As aranhas fazem teia"

Agora observe:

Quem?	Faz o quê?
As aranhas	fazem teia
sujeito	predicado

Numa oração há, geralmente, dois elementos principais: o **sujeito** e o **predicado**.

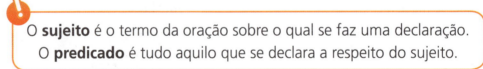

O **sujeito** é o termo da oração sobre o qual se faz uma declaração.
O **predicado** é tudo aquilo que se declara a respeito do sujeito.

1 Circule os verbos das orações.

a) A coleta seletiva permite o reaproveitamento do lixo.

b) Os alunos conversavam sobre a preservação ambiental.

c) Eu pesquisei e escrevi sobre a camada de ozônio.

d) As lâmpadas fluorescentes economizam muito mais energia.

e) Os recursos naturais são fundamentais para a vida na Terra.

o Escreva o sujeito e o predicado das frases anteriores.

a) Sujeito: ....

Predicado: ....

b) Sujeito: ....

Predicado: ....

c) Sujeito: ....

Predicado: ....

d) Sujeito: ....

Predicado: ....

e) Sujeito: ....

Predicado: ....

2 Analise as orações abaixo e escreva o que é solicitado.

a) A mãe abraçou o filho.

sujeito: ....

predicado: ....

artigos: ....

substantivos: ....

b) Eles gostam de bons livros.

sujeito: ....

predicado: ....

substantivo: ....

pronome: ....

verbo: ....

adjetivo: ....

preposição: ....

3 Leia as orações e complete o quadro.

a) Laura colocou o lixo na lata.

c) O lixo espalhou-se pela calçada.

b) A lata virou com o forte vento.

d) O gari varreu a calçada.

Quem? (sujeito)	Fez o quê? (predicado)
a) Laura	....
b)	virou com o forte vento
c) O lixo	....
d)	varreu a calçada

4 Descubra os sujeitos na cena e complete as frases.

a) .... jogam bola na praça.

b) Para quem .... leva flores?

c) .... corre atrás do gato.

d) .... anda de bicicleta.

5 Observe a cena, escreva no caderno três orações sobre ela e circule o sujeito.

Ilustrações: Ilustra Cartoon/Arquivo da editora

Escrevendo certo

● sexta, cesta

Observe a grafia destas palavras e seus significados.

> **sexta**: numeral ordinal, correspondente a seis.

> **cesta**: substantivo que significa 'utensílio para transportar objetos'.

Ilustrações: Ilustra Cartoon/Arquivo da editora

Essas palavras são chamadas **homófonas**: iguais na pronúncia e diferentes na significação e na grafia.

1 Complete as frases com as palavras **sexta** ou **cesta**.

a) Levei a .... de frutas para a cozinha.

b) Ela foi a .... aluna a ser chamada.

c) Esta artesã faz .... maravilhosas!

d) A .... nota da escala musical é o lá.

2 Além dessas palavras, há outras cuja pronúncia é igual, mas que diferem na grafia. Observe:

| cem sem | serrar cerrar | conserto concerto | cheque xeque |

○ No caderno, elabore frases com os pares de palavras acima. Se precisar, consulte um dicionário. Depois, reescreva as frases em uma folha avulsa, deixando em branco o espaço correspondente às palavras. Troque de folha com um colega. Um vai completar as frases que o outro elaborou.

Texto 7

Você sabia que a ameaça à biodiversidade é também uma ameaça à espécie humana?

Produção de remédios, água potável, quantidade e qualidade dos alimentos, saúde e segurança. Tudo isso é indispensável à vida humana hoje, concorda? Pois é, mas só protegendo a natureza — da qual fazemos parte, juntamente com outros seres vivos — é que a humanidade garante de fato a sua sobrevivência. Isso porque a nossa vida depende da **interação** com outras espécies e, mesmo sem perceber, necessitamos da biodiversidade para ter qualidade de vida.

O desmatamento da floresta Amazônica, por exemplo, entre inúmeras consequências, pode causar a extinção de muitas espécies raras, de plantas ou micro-organismos, que poderiam ser usados para a produção de remédios e para a cura de muitas doenças. Já a **degradação** das matas ciliares é uma ameaça à qualidade da água. Esse tipo de vegetação protege as margens dos rios. A variedade de espécies de plantas que ali vivem garante a quantidade e a qualidade de água potável para nosso consumo.

Ilustra Cartoon/Arquivo da editora

A produção de alimentos também pode ser afetada pela perda de biodiversidade. Muitas espécies cultivadas dependem de animais polinizadores, como as abelhas e as vespas, para a geração de frutos e sementes. Além disso, a diversidade de espécies próximas das plantações também é útil para evitar que outros insetos se tornem pragas pela inexistência de predadores naturais, destruindo a agricultura local.

Ilustra Cartoon/Arquivo da editora

O equilíbrio entre a composição das espécies na cadeia alimentar também depende da biodiversidade e, sem ele, a saúde humana está ameaçada. Não acredita? Então, fique sabendo que para ajudar no controle de mosquitos em algumas cidades da Itália há um grande esforço para atrair de volta os morcegos, que foram expulsos dessas regiões pela poluição do ar e pela falta de local para se abrigar. Esses mamíferos alados que se alimentam de insetos são mais eficientes para controlar os mosquitos e menos prejudiciais à saúde do homem do que os inseticidas.

Outra consequência da perda da biodiversidade, talvez não tão imediata, mas muito preocupante, é a perda da capacidade dos ecossistemas de se recuperarem após desastres naturais, como enchentes, secas, ondas de frio ou de calor extremo. Um ecossistema prejudicado implica a incapacidade de regulação do clima. Sem este equilíbrio, o processo de aquecimento global é ampliado e mais catástrofes naturais podem ocorrer, ameaçando a nossa existência.

Devemos, então, ficar atentos. Se não conservamos a biodiversidade, em curto ou longo prazo, podemos lidar com a falta de água limpa, de alimentos, com doenças e com desastres naturais que colocariam a própria espécie humana em risco de extinção. O alerta máximo é: vamos conservar a natureza!

alados: que têm asas.

degradação: devastação; destruição arrasadora.

interação: ação mútua entre os seres.

Silvana Amaral, Instituto Nacional de Pesquisas Espaciais. **Ciência Hoje das Crianças**, ano 23, n. 214. Rio de Janeiro: SBPC, jul. de 2010.

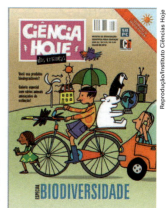

Reprodução/Instituto Ciências Hoje

Por dentro do texto

1 Qual é o título do texto?

....

....

2 Onde esse texto foi publicado?

....

3 Qual é o assunto do texto?

....

4 Qual é seu objetivo?

....

....

....

5 Segundo o texto, o que é indispensável à vida humana hoje?

....

....

6 Segundo a autora do texto, como a humanidade poderá garantir sua sobre-vivência?

....

7 Volte ao texto e escreva, no caderno, quais as consequências causadas:

a) pelo desmatamento da Floresta Amazônica;

b) pela degradação das matas ciliares;

c) pela perda da biodiversidade.

Texto 7 – Você sabia que a ameaça à biodiversidade é também uma ameaça à espécie humana?

8 Releia este trecho e observe a palavra destacada.

> "O equilíbrio entre a composição das espécies na cadeia alimentar também depende da biodiversidade e, sem **ele**, a saúde humana está ameaçada."

- A que se refere o pronome **ele**?

....

9 Segundo o texto, como algumas cidades da Itália estão agindo para promover o equilíbrio no controle de mosquitos na cadeia alimentar?

....

....

....

....

10 Complete os espaços com as informações do texto.

A perda da capacidade dos ecossistemas de se recuperarem após desastres naturais implica a incapacidade de regulação do ...., o que amplia o processo de .... e faz com que mais catástrofes naturais ocorram, ameaçando a nossa ....

11 No final do texto há um alerta.

a) Qual é esse alerta?

....

....

b) O que você já faz para conservar a natureza?

....

....

....

Aprendendo gramática

● Advérbio

Leia o texto abaixo e observe as palavras destacadas.

> As pessoas voltavam para casa **rapidamente**. Era **tarde** da noite e no dia seguinte precisariam levantar **cedo**.

As palavras destacadas são **advérbios**.

> **Advérbio** é uma palavra invariável que modifica um verbo, um adjetivo ou outro advérbio, acrescentando a eles alguma circunstância ou intensificando-os.

Conheça alguns advérbios.

- o de **lugar**: aqui, aí, ali, cá, lá, longe, perto, atrás, dentro.
- o de **tempo**: agora, hoje, ontem, amanhã, sempre, depois, cedo, nunca, jamais.
- o de **modo**: assim, bem, mal, depressa, devagar, lentamente e quase todos os advérbios terminados em **mente**.
- o de **intensidade**: muito, pouco, bastante, mais, menos.
- o de **afirmação**: sim, certamente, deveras, realmente.
- o de **dúvida**: talvez, acaso, porventura, possivelmente, provavelmente.
- o de **negação**: não, tampouco.

1 Observe as frases abaixo.

> No primeiro dia, Laura levantou alegre.
> No segundo dia, Laura levantou **bem** alegre.

a) Como Laura levantou no primeiro dia?

....

b) E no segundo dia?

....

Texto 7 – Você sabia que a ameaça à biodiversidade é também uma ameaça à espécie humana?

c) O que a palavra **bem** acrescentou ao sentido da segunda frase?

....

d) A palavra **bem** refere-se ao verbo **levantou** ou ao adjetivo **alegre**?

....

e) A palavra **bem** é:

◯ adjetivo. ◯ substantivo. ◯ advérbio.

2 Leia as frases e reescreva-as acrescentando advérbios.

a) Paulo acordou.

....

b) Joana saiu.

....

c) Elas tomavam café.

....

3 Circule os advérbios das frases abaixo e assinale a ideia que eles acrescentam.

a) Antigamente, os costumes eram diferentes.

◯ de lugar ◯ de tempo

b) Falou calmamente com os alunos.

◯ de modo ◯ de intensidade

c) Fique aí me esperando.

◯ de lugar ◯ de modo

d) Meus alunos estão sempre alegres.

◯ de tempo ◯ de afirmação

4 Classifique os advérbios destacados nas frases.

a) Vá **depressa** ou chegará tarde.

....

b) **Certamente** este foi o meu melhor desempenho escolar.

....

c) **Talvez** eu falte amanhã.

....

d) Ele é um aluno **muito** estudioso.

....

Observe esta frase:

Saímos **pela manhã** e voltamos **à tarde**.

Pela manhã e **à tarde** são expressões que funcionam como um advérbio. Elas são chamadas **locuções adverbiais**.

Locução adverbial é o conjunto de duas ou mais palavras que exerce a mesma função do advérbio. Exemplos: em cima, com certeza, de modo nenhum.

As locuções adverbiais se classificam como os advérbios. Elas podem indicar tempo, modo e lugar.

5 Transforme as locuções adverbiais em advérbios. Veja o exemplo.

a) Ela chegará **em breve**. *brevemente* ....

b) Agiu **às cegas**. ....

c) Atravesse **com cuidado**. ....

d) Chegou **de súbito**. ....

e) **Com certeza** partiremos cedo. ....

f) Viva **com alegria**. ....

Texto 7 – Você sabia que a ameaça à biodiversidade é também uma ameaça à espécie humana?

● aonde, onde/menos

Leia as falas e observe os advérbios destacados.

AONDE VOCÊ FOI ONTEM?

ONDE VOCÊ MORA?

> Usamos o advérbio **aonde** com verbos que indicam movimento.
> Usamos o advérbio **onde** com verbos que não indicam movimento.

TEMOS **MENOS** TEMPO PARA FAZER ESTA LIÇÃO.

TEMOS **MENOS** HORAS PARA FAZER ESTA LIÇÃO.

Ilustrações: Ilustra Cartoon/ Arquivo da editora

> A palavra **menos** é advérbio, portanto é invariável.

1 Complete as frases com **aonde** ou **onde**.

a) .... você vai tão tarde?

b) Correndo assim, ... você quer chegar?

c) .... fica a rua das Flores?

2 Complete as frases com **menos** e leia-as.

a) Quero .... comida no meu prato.

b) Ari tem .... paciência que Júlio.

c) Hoje eu tenho .... tarefas que você.

De olho no dicionário

Nesta Unidade você conheceu palavras parônimas e palavras homófonas.

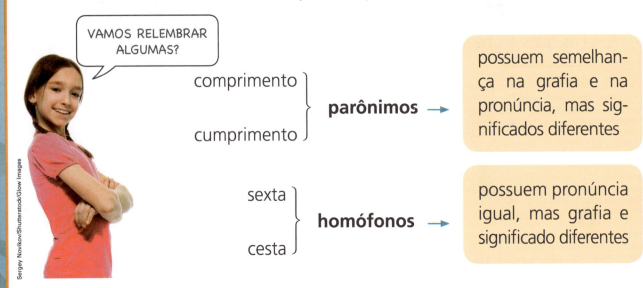

VAMOS RELEMBRAR ALGUMAS?

comprimento
cumprimento
} **parônimos** → possuem semelhança na grafia e na pronúncia, mas significados diferentes

sexta
cesta
} **homófonos** → possuem pronúncia igual, mas grafia e significado diferentes

1 Agora leia estas frases e observe as palavras destacadas:

> Paulo chegou com muita **sede**.
> O Brasil foi **sede** da Copa do Mundo.

a) A palavra **sede** tem o mesmo sentido nas duas frases?

....

b) Pesquise essas palavras no dicionário e escreva os significados que se aplicam a cada frase.

....

....

c) A pronúncia delas é igual?

....

....

> As palavras que possuem mesma grafia, mas pronúncia e significado diferentes são chamadas **homógrafas**.

Sergey Novikov/Shutterstock/Glow Images

2 Pesquise no dicionário o significado das palavras abaixo e complete as frases com elas.

> emergiu   imergiu   absolver   absorver

a) O avião caiu no mar e .... algum tempo depois.

b) Após alguns minutos, o mergulhador .... trazendo notícias.

c) O juiz .... o réu.

d) A roupa .... o suor.

o As palavras **emergir**, **imergir**, **absolver** e **absorver** são:

( ) homógrafas.

( ) homófonas.

( ) parônimas.

3 Procure no dicionário e escreva o significado das palavras homógrafas destacadas nas frases abaixo.

a) Misturei os ingredientes com uma **colher**.

....

b) O agricultor saiu cedo para **colher** as frutas do pomar.

....

c) O **molho** do macarrão estava delicioso.

....

....

d) Sempre que caminho na praia, **molho** os pés no mar.

....

....

Dicas para salvar o planeta

Nesta Unidade você leu diversos textos sobre o cuidado que precisamos ter com a natureza e conversou bastante com os colegas e o professor sobre como podemos fazer a nossa parte.

Agora que você já sabe bastante sobre esse assunto, que tal trabalhar em prol do planeta e ajudar a informar outras pessoas sobre como elas podem agir para preservar os recursos naturais e agredir menos o meio ambiente?

Divididos em grupos, você e os colegas farão cartazes e folhetos com dicas e informações para espalhar pela escola e distribuir aos alunos de outras turmas, aos familiares e amigos.

Planejando suas ideias

Retome os textos que você leu nesta Unidade e liste dicas e informações que você acha que são importantes repassar às pessoas. Antes de iniciar o trabalho, leia mais um texto que poderá ajudá-lo a fazer a lista.

O consumidor consciente

- Compra o que precisa.
- Planeja, pesquisa e compara antes de comprar.
- Usa tudo o que tem e doa o que não usa.
- Compreende quando sua mãe diz que não tem dinheiro para comprar alguma coisa.
- Não fica chateado se os seus amigos têm algo que ele ainda não tem.
- Valoriza aquilo que tem.
- Preocupa-se com o planeta e com o futuro.
- Economiza água, luz, gás, etc.
- Não compra produtos piratas.
- Consegue adiar um desejo em função de um benefício futuro.

O consumo: dicas para se tornar um consumidor consciente!, de Cristina Von. São Paulo: Callis, 2009.

Rascunho

Com a lista pronta, junte-se aos colegas de seu grupo. Todos vão ler a lista que fizeram e, com base nelas, fazer uma única lista com as dicas que acharem mais importantes.

Criem também um texto introdutório informando às pessoas por que é preciso cuidar do planeta e preservar os recursos naturais.

Usem as páginas do **Caderno de produção de texto** para fazer o rascunho.

Revisando suas ideias

Releiam o rascunho que vocês fizeram e preencham o quadro abaixo:

	Sim	Não
O texto introdutório informa o leitor da importância de preservar o meio ambiente?		
As dicas são atitudes fáceis de se realizar e podem ser colocadas em prática no dia a dia por qualquer pessoa?		
As dicas contribuem para a preservação do meio ambiente?		

Peçam também ao professor que leia o texto de vocês e os oriente em como melhorá-lo.

Texto final

Reescrevam o texto fazendo as correções que forem necessárias. Usem as páginas do **Caderno de produção de texto** para registrar o texto finalizado.

Depois, vocês vão se dividir: alguns integrantes do grupo farão os cartazes e outros farão os folhetos.

Para fazer os cartazes, copiem, com letras grandes, o texto em cartolinas. Se necessário, resumam o texto, mantendo as principais informações e dicas. Depois, ilustrem-no.

Para fazer os folhetos, peguem uma folha de papel sulfite e dobrem-na em quatro partes. Copiem o texto, reservando a primeira página para fazer a capa. Não esqueçam de ilustrar também.

Com o professor, afixem os cartazes pela escola e distribuam os folhetos aos colegas de outras turmas, aos professores, aos familiares e amigos.

Livros

Histórias de avô e avó, de Arthur Nestrovski, Companhia das Letrinhas.

Avós geralmente têm muita história para contar. Neste livro autobiográfico, Arthur relata momentos difíceis, tocantes e engraçados da convivência com a sua família, como aquele dia em que o vô Felipe comprou um carro e, mesmo sem saber dirigir, queria fazer o veículo andar de qualquer jeito...

Mãos de vento e olhos de dentro, de Lô Galasso, Scipione.

Tico adora olhar, com sua amiga Lia, as figuras que as nuvens formam no céu. Um dia, fica sabendo que a menina é cega, e então a brincadeira muda: ele passa a modelar as formas das nuvens em argila. Essa história emocionante ajuda o leitor a ver o mundo com os olhos de dentro.

Quando eu voltei, tive uma surpresa, de Joel Rufino dos Santos, Rocco.

Nelson tinha 8 anos quando seu pai foi preso. Eram os anos da ditadura militar e o historiador Joel Rufino dos Santos não teve outra alternativa a não ser ficar longe de seu filho. Para diminuir um pouco o sofrimento da separação, Joel passa a escrever diversas cartas para Nelson. Além de muito criativas e emocionantes, essas cartas mostram a visão de um preso político entre os anos de 1973 e 1974.

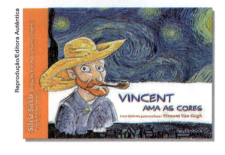

Vincent ama as cores, de Silvia Sirkis, Autêntica.

Vincent van Gogh está no grupo de grandes artistas que não tiveram reconhecimento em vida. Suas telas só foram compreendidas depois de sua morte. Conheça, neste livro, a história de um dos maiores gênios da pintura e entenda o que há de especial, belo e comovente em suas obras de arte.

DVD

Uma professora muito maluquinha, de André Alves Pinto e César Rodrigues (Dir.), Paris Filmes, 88 min.

Imagine viver numa época em que ler gibi é pecado e a escola é um lugar apenas de obrigações! Foi num período assim, por volta dos anos 1940, que Cate se tornou professora. Com seu jeito meigo e criativo, essa maluquinha tentou mostrar que aprender também pode ser muito divertido.

Unidade 2

Livros

O caminho das pedras, de Álvaro Faleiros, Scipione.

Esse poema apresenta versos inventivos — e pedregosos — que brincam com a palavra pedra, presente em inúmeros ditos e expressões populares. De maneira lúdica e bem-humorada, o leitor poderá desbravar esse curioso caminho das pedras.

O presente, de Odilon Moraes, Cosac Naify.

Ninguém gosta de ver o Brasil ser desclassificado de uma Copa do Mundo! Neste livro de imagens, é contada a história de um menino que recebe o convite para uma pelada com os amigos logo depois de assistir a uma partida trágica da seleção.

Quando meu irmãozinho nasceu, de Walcyr Carrasco, Moderna.

Há vantagens e desvantagens em ser filho único: por um lado, não há ninguém para brincar o tempo todo junto, mas, por outro, há só uma pessoa para a família paparicar. Este livro fala do ciúme e do medo que um menino sentiu ao saber que ia ganhar um irmão.

DVD

As aventuras de Peabody e Sherman, de Rob Minkoff, DreamWorks, 92 min.

O sr. Peabody é o cachorro mais inteligente do mundo. Depois de se tornar um grande inventor, ele resolve adotar um bebê humano que encontrou na rua. Preocupado com a educação de seu filho, Peabody constrói uma máquina do tempo para ensinar-lhe História.

Site@

<www.manualdomundo.com.br>

Diversas invenções científicas nascem a cada dia e mudam nossa vida para sempre. Neste *site*, você encontra vários vídeos que explicam o mundo por meio de experimentos muito divertidos.

@ Acesso em: 4 fev. 2015.

Livros

Doze lendas brasileiras, de Clarice Lispector, Rocco.

Este livro reúne 12 histórias do folclore brasileiro: uma para cada mês do ano. Personagens conhecidos das narrativas transmitidas de geração a geração, como o Pedro Malasarte, o Saci-Pererê e o Negrinho do Pastoreio, ganham vida nova recriados por uma das maiores escritoras brasileiras.

Meu cordelzinho de histórias, de Abdias Campos.

Os oito livretos de cordel que compõem este *kit* apresentam histórias engraçadas e rimadas, além de lindas capas em xilogravura típicas do gênero. A caixa ainda traz um CD com narrações das histórias feitas pelo próprio autor.

Meu livro de folclore, de Ricardo Azevedo, Ática.

Contos, adivinhas, ditados, trava-línguas, parlendas e trovas: este livro reúne o que há de melhor no folclore brasileiro, formando um painel da encantadora sabedoria popular.

Pandolfo Bereba, de Eva Furnari, Moderna.

Pandolfo Bereba era um príncipe bastante exigente da Bestolândia. Ele era tão implicante que sua maior mania era listar os defeitos dos outros. Porém, com tanto rigor, nem mesmo sua riqueza e seu poder eram capazes de deixá-lo feliz. Pandolfo viva triste e solitário, à procura de uma pessoa com quem pudesse se divertir. Será que alguém pode ser bom o bastante para os olhos desse príncipe?

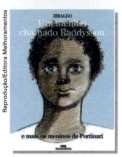

Um menino chamado Raddysson e mais os meninos de Portinari, de Ziraldo, Melhoramentos.

Raddysson vivia no campinho de futebol. Sua maior diversão era jogar bola e depois se alimentar com os restos de comida que os garçons traziam depois que os restaurantes fechavam. Rosykeller morava na rua. Ela fugiu de casa por causa de maus-tratos e foi pelo amor à leitura que se livrou do abandono e da solidão.

DVD

O menino e o mundo, de Alê Abreu (Dir.), Bretz Filmes, 80 min.

Sofrendo pela falta de seu pai, um menino se aventura a procurá-lo. Ele deixa sua aldeia e encontra um mundo incrível, cheio de máquinas e seres estranhos. Acompanhe a jornada emocionante desse menino e veja como um sonho pode ser transformador.

Unidade 4

Livros

A árvore generosa, de Shel Silverstein, Cosac Naify.

Sempre generosa, a árvore desta história vive para agradar o menino: dá alimentos, serve de brinquedo e também de abrigo para ele descansar. Será que o menino percebe o quanto a árvore é bondosa e solidária? Será que nos damos conta do quanto a natureza nos concede todos os dias?

Canta sabiá, de Giselda Laporta Nicolelis, Formato.

Clara é uma garota muito curiosa. Ela adorou descobrir que há um ninho de sabiás-laranjeira bem na árvore em frente à janela de seu quarto. Ela só não entendeu o que um passarinho de asas salpicadas de branco estava fazendo ali. Só há uma pessoa que poderá ajudá-la a decifrar esse enigma: seu avô!

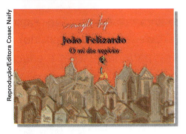

João Felizardo: o rei dos negócios, de Angela-Lago, Cosac Naify.

Felizardo ganha uma moeda de herança e, desde então, começa a fazer várias negociações: troca o dinheiro por um animal, depois por outro e por outro... Até perceber que a felicidade está em coisas simples e não no acúmulo de riquezas.

Reciclagem: a aventura de uma garrafa, de Mick Manning, Ática.

Acompanhe, neste livro, a trajetória de um lixo descartado sem cuidado e veja os problemas que a falta de consciência ambiental pode gerar. Conheça os processos de reciclagem e aprenda a importância de fazer o descarte correto dos materiais.

DVD

Wall-E, de Andrew Stanton (Dir.), Disney-Pixar, 98 min.

O que fazemos com os produtos que não usamos mais? Para onde vai tanto lixo? Qual será o futuro do planeta em que vivemos? Esse filme apresenta a história de um robô numa galáxia muito distante, mas as questões que ele enfrenta em seu Universo têm várias semelhanças com as nossas.

Site@

<www.akatumirim.org.br>

De onde vem e para onde vai tudo o que consumimos? Você encontrará a resposta para essa e muitas outras perguntas no *site* do Akatu Mirim, além de vídeos, jogos e atividades muito interessantes para aprender tudo sobre a preservação do meio ambiente.

@ Acesso em: 4 fev. 2015.

Bibliografia

ADAMS, M. J. et al. *Consciência fonológica em crianças pequenas*. Porto Alegre: Artmed, 2006.

ALMEIDA, F. J.; FRANCO, M. G. *Avaliação para a aprendizagem*: o processo avaliativo para melhorar o desempenho dos alunos. São Paulo: Ática Educadores, 2011.

BALDI, E. *Leitura nas séries iniciais*: uma proposta para formação de leitores de literatura. Porto Alegre: Projeto, 2009.

BARBA, C. et al. *Computadores em sala de aula*: métodos e usos. Tradução de Alexandre Salvaterra. Porto Alegre: Penso, 2012.

BARBOSA, L. M. S. *Temas transversais*: como utilizá-los na prática educativa? Curitiba: IBPEX, 2007.

BRASIL. Ministério da Educação. *Ensino Fundamental de nove anos*: orientações para a inclusão da criança de seis anos de idade. Brasília: MEC/SEB/FNDE, 2006.

_____. *Pró-letramento*: programa de formação continuada de professores das séries iniciais do Ensino Fundamental. Brasília: MEC/SEB/FNDE, 2006. 7 v.

_____. Secretaria da Educação Fundamental. *Parâmetros Curriculares Nacionais*: Língua Portuguesa. Brasília: MEC/SEF, 1997.

_____. _____. *Referencial curricular nacional para Educação Infantil*. Brasília, 1998.

BUSQUETS, M. D. et al. *Temas transversais em educação*: bases para uma formação integral. 6. ed. São Paulo: Ática, 2000.

CAGLIARI, L. C. *Alfabetização & linguística*. São Paulo: Scipione, 2009. (Coleção Pensamento e ação na sala de aula).

CALKINS, L.; HARTMAN, A.; WHITE, Z. *Crianças produtoras de texto*: a arte de interagir em sala de aula. Porto Alegre: Artmed, 2008.

CAPRA, F. et al. *Alfabetização ecológica*: a educação das crianças para um mundo sustentável. Tradução de Carmen Fischer. São Paulo: Cultrix, 2014.

CARVALHO, F. C. A. *Tecnologias que educam*: ensinar e aprender com tecnologias de informação e comunicação. São Paulo: Pearson Prentice Hall, 2010.

COELHO, M. I. M.; COSTA, A. E. B. (Org.). *A educação e a formação humana*: tensões e desafios na contemporaneidade. Porto Alegre: Artmed, 2009.

COELHO, N. N. *Literatura infantil*: teoria, análise, didática. São Paulo: Moderna, 2011.

CUNHA, C.; CINTRA, L. F. L. *Nova gramática do português contemporâneo*. 3. ed. Rio de Janeiro: Nova Fronteira, 2013.

FAZENDA, I. C. A. *Didática e interdisciplinaridade*. Campinas: Papirus, 2010.

GERALDI, J. W. (Org.). *O texto na sala de aula*. São Paulo: Ática, 2006.

GOULART, I. B. *Piaget*: experiências básicas para utilização pelo professor. 20. ed. Petrópolis: Vozes, 2003.

HOFFMANN, J. *Avaliar para promover*: as setas do caminho. Porto Alegre: Mediação, 2009.

KOCH, I. G.; ELIAS, V. M. *Ler e compreender*: os sentidos do texto. São Paulo: Contexto, 2011.

KÖCHE, V. S.; MARINELLO, A. F.; BOFF, O. M. B. *Estudo e produção de textos*: gêneros textuais do relatar, narrar e descrever. Petrópolis: Vozes, 2012.

LEGAN, L. *A escola sustentável*: ecoalfabetizando pelo ambiente. São Paulo: Imprensa Oficial do Estado de São Paulo/Pirenópolis: Ecocentro, Ipec, 2007.

LUFT, C. P. *Novo guia ortográfico*. São Paulo: Globo, 2013.

MARZANO, R. J.; PICKERING, D. J.; POLLOCK, J. E. *O ensino que funciona*: estratégias baseadas em evidências para melhorar o desempenho dos alunos. Tradução de Magda Lopes. Porto Alegre: Artmed, 2008.

MORAIS, A. G. *Ortografia*: ensinar e aprender. São Paulo: Ática, 2010.

_____. *Sistema de escrita alfabética*. São Paulo: Melhoramentos, 2012. (Coleção Como eu ensino).

MORAIS, J. *Criar leitores*: para professores e educadores. Barueri: Minha Editora, 2013.

NÓBREGA, M. J. *Ortografia*. São Paulo: Melhoramentos, 2013. (Coleção Como eu ensino).

PERRENOUD, P. et al. *As competências para ensinar no século XXI*: a formação dos professores e o desafio da avaliação. Tradução de Cláudia Schilling e Fátima Murad. Porto Alegre: Artmed, 2002.

PETTER, M.; FIORIN, J. L. (Org.). *África no Brasil*: a formação da língua portuguesa. São Paulo: Contexto, 2008.

PICCOLLI, L.; CAMINI, P. *Práticas pedagógicas em alfabetização*: espaço, tempo e corporeidade. Erechim: Edelbra, 2012.

ROIPHE, A.; Fernandez, M. A. *Gêneros textuais*: teoria e prática nos anos iniciais do Ensino Fundamental. Rio de Janeiro: Rovelle, 2011.

RUSSO, M. F.; VIAN, M. I. A. *Alfabetização*: um processo em construção. São Paulo: Saraiva, 2010.

SISTO, Celso. *Textos & pretextos sobre a arte de contar histórias*. Belo Horizonte: Aletria, 2012.

TEBEROSKY, A. *Compreensão de leitura*: a língua como procedimento. Tradução de Fátima Murad. Porto Alegre: Artmed, 2003.

VILLAS BOAS, B. M. F. *Virando a escola do avesso por meio da avaliação*. Campinas: Papirus, 2008.

VYGOTSKY, L. S. *Pensamento e linguagem*. Tradução de Jefferson Luiz Camargo. 3. ed. São Paulo: Martins Fontes, 2005.

ZABALA, A.; ARNAU, L. *Como aprender e ensinar competências*. Porto Alegre: Artmed, 2010.

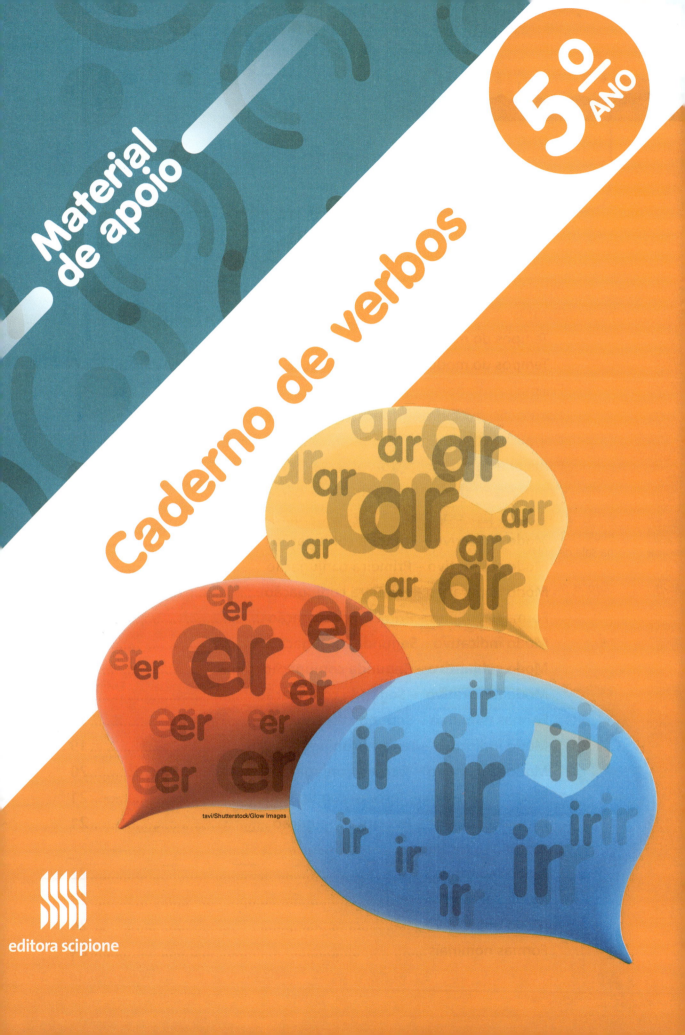

Sumário

Verbo

Leia e observe as palavras destacadas:

A ESCOLA **ERA** MUITO LIMPA E TÃO BONITA!

UM DIA, **VENTOU** MUITO, MAS TANTO...

... QUE A ESCOLA SE **TRANSFORMOU** EM UM DEPÓSITO DE LIXO.

TIRARAM TODO O LIXO E **REFORMARAM** A ESCOLA.

Ilustrações: Ilustra Cartoon/ Arquivo da editora

AGORA A ESCOLA **ESTÁ** LIMPA E BONITA DE NOVO!

As palavras destacadas na história são **verbos**.

> **Verbo** é a palavra que expressa um acontecimento representado no tempo, ou seja, algo que ocorre no tempo passado, presente ou futuro. O verbo pode indicar ação, estado, mudança de estado ou fenômeno da natureza.

Você pode notar que:

- as palavras **era** e **está** indicam estado;
- a palavra **ventou** indica fenômeno da natureza;
- a palavra **transformou** indica mudança de estado;
- as palavras **tiraram** e **reformaram** indicam ações.

O verbo varia em **número**, **pessoa**, **modo** e **tempo**.

● Número

O verbo pode estar no **singular** ou no **plural**, concordando com o sujeito.
Observe:

Singular

O aluno **canta** alegremente.

Plural

Os alunos **cantam** alegremente.

O **singular** indica um ser único ou um conjunto de seres considerados como um todo.

Veja:

sujeito	verbo
O menino	joga bola.
singular	singular

sujeito	verbo
A matilha	corre no campo.
singular	singular

A **matilha** representa um conjunto de cachorros, porém a palavra **matilha** está no singular; dessa forma, o verbo permanece no singular.

O **plural** indica mais de um ser ou mais de um conjunto de seres.

Veja:

sujeito	verbo
Os meninos	jogam bola.
plural	plural

sujeito	verbo
As matilhas	correm no campo.
plural	plural

● Pessoa

São três as pessoas do discurso: 1ª pessoa, 2ª pessoa, 3ª pessoa. Observe:

Eu, nós → aquela(s) que fala(m) → 1ª pessoa

singular → Eu estudo muito.
plural → Nós estudamos muito.

Tu, vós → aquela(s) a quem se fala → 2ª pessoa

singular → Tu estudas muito./Você estuda muito.
plural → Vós estudais muito./Vocês estudam muito.

Ele, ela, eles, elas → aquela(s) de quem se fala → 3ª pessoa

singular → Ela estuda muito.
plural → Elas estudam muito.

Como você viu, o verbo concorda com a pessoa. Observe o quadro:

	Verbo	Pessoa	Número
Eu	estud**o**	1ª pessoa	singular
Tu	estud**as**	2ª pessoa	singular
Ele/Ela	estud**a**	3ª pessoa	singular
Nós	estud**amos**	1ª pessoa	plural
Vós	estud**ais**	2ª pessoa	plural
Eles/Elas	estud**am**	3ª pessoa	plural

Modo

> O **modo** do verbo indica a atitude da pessoa que fala em relação ao fato que enuncia.

São três os modos dos verbos: indicativo, subjuntivo e imperativo. Observe:

Indicativo

Indica que a pessoa fala de modo definido, certo, em relação ao fato que enuncia.

Veja:

> A menina **come** o bolo.

Subjuntivo

Indica que a pessoa fala de modo duvidoso, incerto, em relação ao fato que enuncia.

Veja:

> Talvez a menina **coma** o bolo.

Imperativo

Indica que a pessoa fala de maneira a dar uma ordem, súplica, conselho, convite, em relação ao fato que enuncia.

Veja:

Filha, **coma** o bolo!

Tempo

O **tempo** indica o momento em que a ação ou o fato expresso pelo verbo acontece, aconteceu ou acontecerá.

São três os tempos do verbo: presente, pretérito e futuro. Observe:

Presente No presente, o fato ocorre no momento em que se fala.

Ela **acorda** todos os dias às 7 horas.

Pretérito No pretérito, o fato aconteceu no momento anterior àquele em que se fala.

Ela **lavou** o rosto, **penteou** os cabelos e agora toma café da manhã.

Futuro No futuro, o fato acontecerá após o momento em que se fala.

Mais tarde ela **irá** ao parque.

Tempos do modo indicativo

Presente O presente do modo indicativo não apresenta subdivisões.

Ela **levanta** a mão.

Pretérito O pretérito divide-se em: pretérito perfeito, pretérito imperfeito e pretérito mais-que-perfeito.

 O **pretérito perfeito** indica um fato passado que já foi concluído.

Ele **levantou** e **saiu**.

 O **pretérito imperfeito** indica um fato passado, mas que não foi concluído.

Ele **levantava** cedo e **saía**.

 O **pretérito mais-que-perfeito** indica um fato acontecido anteriormente a outro fato já passado.

Ele já **levantara** quando você saiu.

Futuro O futuro divide-se em: futuro do presente e futuro do pretérito.

O **futuro do presente** indica que o fato ainda não aconteceu no momento em que se fala.

Eu **levantarei** cedo amanhã.

 O **futuro do pretérito** indica um acontecimento futuro, relacionando-o com um acontecimento passado.

Eu **levantaria** cedo se alguém me chamasse.

Tempos do modo subjuntivo

Presente

 O presente do modo subjuntivo é usado para expressar ações incertas, no presente ou no futuro.

Talvez eu **levante** cedo.

Pretérito imperfeito

 O pretérito imperfeito expressa uma condição ou circunstância.

Se eu **levantasse** cedo, não chegaria atrasado.

Futuro

 O futuro do modo subjuntivo indica uma ação que poderá acontecer.

Quando eu **levantar** cedo, não chegarei mais atrasado.

● Formas nominais

> Nas formas nominais, os verbos se comportam de modo semelhante a um substantivo, adjetivo ou advérbio.

São três as formas nominais: infinitivo, gerúndio e particípio. Observe:

Infinitivo (pessoal ou impessoal)   Levantar

Gerúndio   Levantando

Particípio   Levantado

● Formação do modo imperativo

O modo imperativo pode ser **afirmativo** ou **negativo**.

> A segunda pessoa do singular e a segunda pessoa do plural do **imperativo afirmativo** são formadas utilizando-se as formas do verbo no presente do indicativo, eliminando-se o **s** final.

Observe:

Presente do indicativo	Imperativo afirmativo
Tu cantas	Canta tu
Vós cantais	Cantai vós

> As demais pessoas do **imperativo afirmativo** são expressas pelas formas correspondentes do presente do subjuntivo.

Observe:

Presente do subjuntivo	Imperativo afirmativo
Que ele/ela cante	Cante você
Que nós cantemos	Cantemos nós
Que eles/elas cantem	Cantem vocês

O **imperativo negativo** é todo formado pelo presente do subjuntivo.

Observe:

Presente do subjuntivo	Imperativo negativo
—	—
Que tu cantes	Não cantes tu
Que ele cante	Não cante você
Que nós cantemos	Não cantemos nós
Que vós canteis	Não canteis vós
Que eles cantem	Não cantem vocês

● Conjugações do verbo

Observe os verbos:

| falar | correr | partir |

Os verbos **falar**, **correr** e **partir** não estão indicando número, nem pessoa, nem modo, nem tempo.

Eles terminam em **-ar**, **-er** e **-ir**. Esses verbos estão no infinitivo, mas não estão conjugados.

Conjugar um verbo é flexioná-lo (fazer variar) em número, pessoa, modo e tempo.

As conjugações são três: 1ª conjugação, 2ª conjugação e 3ª conjugação.

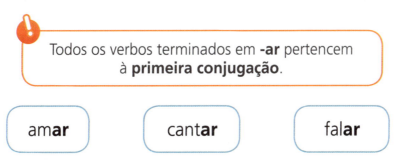

Todos os verbos terminados em **-ar** pertencem à **primeira conjugação**.

| am**ar** | cant**ar** | fal**ar** |

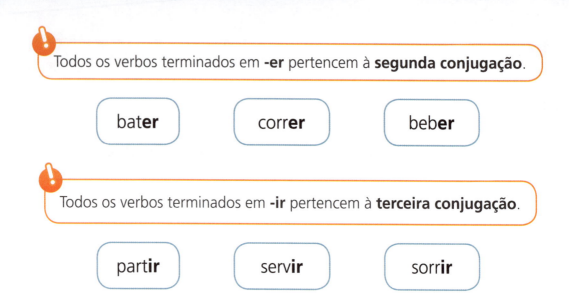

Todos os verbos terminados em **-er** pertencem à **segunda conjugação**.

bat**er**   corr**er**   beb**er**

Todos os verbos terminados em **-ir** pertencem à **terceira conjugação**.

part**ir**   serv**ir**   sorr**ir**

● Radical e terminação do verbo

Em um verbo devemos distinguir o radical e a terminação.

O **radical** é a parte invariável que informa o significado do verbo. Para identificá-lo basta retirar do verbo no infinitivo as terminações **-ar**, **-er**, **-ir**.

Observe:

estudar ➞ radical **estud**

Tirando o radical do verbo, a parte que fica é chamada de **terminação**.

A **terminação** é a parte do verbo que informa o número, a pessoa, o modo e o tempo, isto é, a parte que sofre modificações.

Observe:

estudei ➞ terminação **ei** – 1ª pessoa do singular no pretérito perfeito do indicativo

● Conjugação dos verbos regulares e irregulares

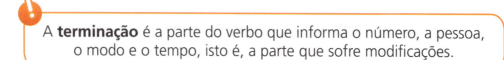

Verbos regulares são aqueles que não apresentam nenhuma mudança no radical. São verbos que seguem um determinado padrão de conjugação.

Exemplos de verbos regulares: amar, receber, partir.

(eu amo; eu recebo; eu parto)

> **Verbos irregulares** são aqueles que apresentam mudanças no radical ou nas terminações.

Exemplos de verbos irregulares: estar, caber, medir.

(eu estou; eu caibo; eu meço)

● Modelos de conjugação verbal

Modo indicativo – Primeira conjugação

Ilustrações: Ilustra Cartoon/Arquivo da editora

Plantar	Falar	Dançar
Presente		
Eu planto Tu plantas Ele/Ela planta Nós plantamos Vós plantais Eles/Elas plantam	Eu falo Tu falas Ele/Ela fala Nós falamos Vós falais Eles/Elas falam	Eu danço Tu danças Ele/Ela dança Nós dançamos Vós dançais Eles/Elas dançam
Pretérito perfeito		
Eu plantei Tu plantaste Ele/Ela plantou Nós plantamos Vós plantastes Eles/Elas plantaram	Eu falei Tu falaste Ele/Ela falou Nós falamos Vós falastes Eles/Elas falaram	Eu dancei Tu dançaste Ele/Ela dançou Nós dançamos Vós dançastes Eles/Elas dançaram
Pretérito imperfeito		
Eu plantava Tu plantavas Ele/Ela plantava Nós plantávamos Vós plantáveis Eles/Elas plantavam	Eu falava Tu falavas Ele/Ela falava Nós falávamos Vós faláveis Eles/Elas falavam	Eu dançava Tu dançavas Ele/Ela dançava Nós dançávamos Vós dançáveis Eles/Elas dançavam

Plantar	Falar	Dançar
Pretérito mais-que-perfeito		
Eu plantara	Eu falara	Eu dançara
Tu plantaras	Tu falaras	Tu dançaras
Ele/Ela plantara	Ele/Ela falara	Ele/Ela dançara
Nós plantáramos	Nós faláramos	Nós dançáramos
Vós plantáreis	Vós faláreis	Vós dançáreis
Eles/Elas plantaram	Eles/Elas falaram	Eles/Elas dançaram
Futuro do presente		
Eu plantarei	Eu falarei	Eu dançarei
Tu plantarás	Tu falarás	Tu dançarás
Ele/Ela plantará	Ele/Ela falará	Ele/Ela dançará
Nós plantaremos	Nós falaremos	Nós dançaremos
Vós plantareis	Vós falareis	Vós dançareis
Eles/Elas plantarão	Eles/Elas falarão	Eles/Elas dançarão
Futuro do pretérito		
Eu plantaria	Eu falaria	Eu dançaria
Tu plantarias	Tu falarias	Tu dançarias
Ele/Ela plantaria	Ele/Ela falaria	Ele/Ela dançaria
Nós plantaríamos	Nós falaríamos	Nós dançaríamos
Vós plantaríeis	Vós falaríeis	Vós dançaríeis
Eles/Elas plantariam	Eles/Elas falariam	Eles/Elas dançariam

Modo subjuntivo – Primeira conjugação

Plantar	Falar	Dançar
Presente		
Que eu plante	Que eu fale	Que eu dance
Que tu plantes	Que tu fales	Que tu dances
Que ele/ela plante	Que ele/ela fale	Que ele/ela dance
Que nós plantemos	Que nós falemos	Que nós dancemos
Que vós planteis	Que vós faleis	Que vós danceis
Que eles/elas plantem	Que eles/elas falem	Que eles/elas dancem
Pretérito imperfeito		
Se eu plantasse	Se eu falasse	Se eu dançasse
Se tu plantasses	Se tu falasses	Se tu dançasses
Se ele/ela plantasse	Se ele/ela falasse	Se ele/ela dançasse
Se nós plantássemos	Se nós falássemos	Se nós dançássemos
Se vós plantásseis	Se vós falásseis	Se vós dançásseis
Se eles/elas plantassem	Se eles/elas falassem	Se eles/elas dançassem

Plantar	Falar	Dançar
Futuro		
Quando eu plantar	Quando eu falar	Quando eu dançar
Quando tu plantares	Quando tu falares	Quando tu dançares
Quando ele/ela plantar	Quando ele/ela falar	Quando ele/ela dançar
Quando nós plantarmos	Quando nós falarmos	Quando nós dançarmos
Quando vós plantardes	Quando vós falardes	Quando vós dançardes
Quando eles/elas plantarem	Quando eles/elas falarem	Quando eles/elas dançarem

Modo imperativo – Primeira conjugação

Plantar	Falar	Dançar
Afirmativo		
—	—	—
Planta tu	Fala tu	Dança tu
Plante você	Fale você	Dance você
Plantemos nós	Falemos nós	Dancemos nós
Plantai vós	Falai vós	Dançai vós
Plantem vocês	Falem vocês	Dancem vocês
Negativo		
—	—	—
Não plantes tu	Não fales tu	Não dances tu
Não plante você	Não fale você	Não dance você
Não plantemos nós	Não falemos nós	Não dancemos nós
Não planteis vós	Não faleis vós	Não danceis vós
Não plantem vocês	Não falem vocês	Não dancem vocês

Formas nominais – Primeira conjugação

Plantar	Falar	Dançar
Infinitivo pessoal		
Plantar eu	Falar eu	Dançar eu
Plantares tu	Falares tu	Dançares tu
Plantar ele/ela	Falar ele/ela	Dançar ele/ela
Plantarmos nós	Falarmos nós	Dançarmos nós
Plantardes vós	Falardes vós	Dançardes vós
Plantarem eles/elas	Falarem eles/elas	Dançarem eles/elas
Gerúndio		
Plantando	Falando	Dançando
Particípio		
Plantado	Falado	Dançado

Modo indicativo – Segunda conjugação

Ilustrações: Ilustra Cartoon/Arquivo da editora

Esconder	Vender	Comer
Presente		
Eu escondo	Eu vendo	Eu como
Tu escondes	Tu vendes	Tu comes
Ele/Ela esconde	Ele/Ela vende	Ele/Ela come
Nós escondemos	Nós vendemos	Nós comemos
Vós escondeis	Vós vendeis	Vós comeis
Eles/Elas escondem	Eles/Elas vendem	Eles/Elas comem
Pretérito perfeito		
Eu escondi	Eu vendi	Eu comi
Tu escondeste	Tu vendeste	Tu comeste
Ele/Ela escondeu	Ele/Ela vendeu	Ele/Ela comeu
Nós escondemos	Nós vendemos	Nós comemos
Vós escondestes	Vós vendestes	Vós comestes
Eles/Elas esconderam	Eles/Elas venderam	Eles/Elas comeram
Pretérito imperfeito		
Eu escondia	Eu vendia	Eu comia
Tu escondias	Tu vendias	Tu comias
Ele/Ela escondia	Ele/Ela vendia	Ele/Ela comia
Nós escondíamos	Nós vendíamos	Nós comíamos
Vós escondíeis	Vós vendíeis	Vós comíeis
Eles/Elas escondiam	Eles/Elas vendiam	Eles/Elas comiam
Pretérito mais-que-perfeito		
Eu escondera	Eu vendera	Eu comera
Tu esconderas	Tu venderas	Tu comeras
Ele/Ela escondera	Ele/Ela vendera	Ele/Ela comera
Nós escondêramos	Nós vendêramos	Nós comêramos
Vós escondêreis	Vós vendêreis	Vós comêreis
Eles/Elas esconderam	Eles/Elas venderam	Eles/Elas comeram

Esconder	Vender	Comer
Futuro do presente		
Eu esconderei	Eu venderei	Eu comerei
Tu esconderás	Tu venderás	Tu comerás
Ele/Ela esconderá	Ele/Ela venderá	Ele/Ela comerá
Nós esconderemos	Nós venderemos	Nós comeremos
Vós escondereis	Vós vendereis	Vós comereis
Eles/Elas esconderão	Eles/Elas venderão	Eles/Elas comerão
Futuro do pretérito		
Eu esconderia	Eu venderia	Eu comeria
Tu esconderias	Tu venderias	Tu comerias
Ele/Ela esconderia	Ele/Ela venderia	Ele/Ela comeria
Nós esconderíamos	Nós venderíamos	Nós comeríamos
Vós esconderíeis	Vós venderíeis	Vós comeríeis
Eles/Elas esconderiam	Eles/Elas venderiam	Eles/Elas comeriam

Modo subjuntivo – Segunda conjugação

Esconder	Vender	Comer
Presente		
Que eu esconda	Que eu venda	Que eu coma
Que tu escondas	Que tu vendas	Que tu comas
Que ele/ela esconda	Que ele/ela venda	Que ele/ela coma
Que nós escondamos	Que nós vendamos	Que nós comamos
Que vós escondais	Que vós vendais	Que vós comais
Que eles/elas escondam	Que eles/elas vendam	Que eles/elas comam
Pretérito imperfeito		
Se eu escondesse	Se eu vendesse	Se eu comesse
Se tu escondesses	Se tu vendesses	Se tu comesses
Se ele/ela escondesse	Se ele/ela vendesse	Se ele/ela comesse
Se nós escondêssemos	Se nós vendêssemos	Se nós comêssemos
Se vós escondêsseis	Se vós vendêsseis	Se vós comêsseis
Se eles/elas escondessem	Se eles/elas vendessem	Se eles/elas comessem
Futuro		
Quando eu esconder	Quando eu vender	Quando eu comer
Quando tu esconderes	Quando tu venderes	Quando tu comeres
Quando ele/ela esconder	Quando ele/ela vender	Quando ele/ela comer
Quando nós escondermos	Quando nós vendermos	Quando nós comermos
Quando vós esconderdes	Quando vós venderdes	Quando vós comerdes
Quando eles/elas esconderem	Quando eles/elas venderem	Quando eles/elas comerem

Modo imperativo – Segunda conjugação

Esconder	Vender	Comer
Afirmativo		
—	—	—
Esconde tu	Vende tu	Come tu
Esconda você	Venda você	Coma você
Escondamos nós	Vendamos nós	Comamos nós
Escondei vós	Vendei vós	Comei vós
Escondam vocês	Vendam vocês	Comam vocês
Negativo		
—	—	—
Não escondas tu	Não vendas tu	Não comas tu
Não esconda você	Não venda você	Não coma você
Não escondamos nós	Não vendamos nós	Não comamos nós
Não escondais vós	Não vendais vós	Não comais vós
Não escondam vocês	Não vendam vocês	Não comam vocês

Formas nominais – Segunda conjugação

Esconder	Vender	Comer
Infinitivo pessoal		
Esconder eu	Vender eu	Comer eu
Esconderes tu	Venderes tu	Comeres tu
Esconder ele/ela	Vender ele/ela	Comer ele/ela
Escondermos nós	Vendermos nós	Comermos nós
Esconderdes vós	Venderdes vós	Comerdes vós
Esconderem eles/elas	Venderem eles/elas	Comerem eles/elas
Gerúndio		
Escondendo	Vendendo	Comendo
Particípio		
Escondido	Vendido	Comido

Modo indicativo – Terceira conjugação

Ilustrações: Ilustra Cartoon/Arquivo da editora

Dividir	Sentir	Dormir
Presente		
Eu divido Tu divides Ele/Ela divide Nós dividimos Vós dividis Eles/Elas dividem	Eu sinto Tu sentes Ele/Ela sente Nós sentimos Vós sentis Eles/Elas sentem	Eu durmo Tu dormes Ele/Ela dorme Nós dormimos Vós dormis Eles/Elas dormem
Pretérito perfeito		
Eu dividi Tu dividiste Ele/Ela dividiu Nós dividimos Vós dividistes Eles/Elas dividiram	Eu senti Tu sentiste Ele/Ela sentiu Nós sentimos Vós sentistes Eles/Elas sentiram	Eu dormi Tu dormiste Ele/Ela dormiu Nós dormimos Vós dormistes Eles/Elas dormiram
Pretérito imperfeito		
Eu dividia Tu dividias Ele/Ela dividia Nós dividíamos Vós dividíeis Eles/Elas dividiam	Eu sentia Tu sentias Ele/Ela sentia Nós sentíamos Vós sentíeis Eles/Elas sentiam	Eu dormia Tu dormias Ele/Ela dormia Nós dormíamos Vós dormíeis Eles/Elas dormiam
Pretérito mais-que-perfeito		
Eu dividira Tu dividiras Ele/Ela dividira Nós dividíramos Vós dividíreis Eles/Elas dividiram	Eu sentira Tu sentiras Ele/Ela sentira Nós sentíramos Vós sentíreis Eles/Elas sentiram	Eu dormira Tu dormiras Ele/Ela dormira Nós dormíramos Vós dormíreis Eles/Elas dormiram

Dividir	Sentir	Dormir
Futuro do presente		
Eu dividirei Tu dividirás Ele/Ela dividirá Nós dividiremos Vós dividireis Eles/Elas dividirão	Eu sentirei Tu sentirás Ele/Ela sentirá Nós sentiremos Vós sentireis Eles/Elas sentirão	Eu dormirei Tu dormirás Ele/Ela dormirá Nós dormiremos Vós dormireis Eles/Elas dormirão
Futuro do pretérito		
Eu dividiria Tu dividirias Ele/Ela dividiria Nós dividiríamos Vós dividiríeis Eles/Elas dividiriam	Eu sentiria Tu sentirias Ele/Ela sentiria Nós sentiríamos Vós sentiríeis Eles/Elas sentiriam	Eu dormiria Tu dormirias Ele/Ela dormiria Nós dormiríamos Vós dormiríeis Eles/Elas dormiriam

Modo subjuntivo – Terceira conjugação

Dividir	Sentir	Dormir
Presente		
Que eu divida Que tu dividas Que ele/ela divida Que nós dividamos Que vós dividais Que eles/elas dividam	Que eu sinta Que tu sintas Que ele/ela sinta Que nós sintamos Que vós sintais Que eles/elas sintam	Que eu durma Que tu durmas Que ele/ela durma Que nós durmamos Que vós durmais Que eles/elas durmam
Pretérito imperfeito		
Se eu dividisse Se tu dividisses Se ele/ela dividisse Se nós dividíssemos Se vós dividísseis Se eles/elas dividissem	Se eu sentisse Se tu sentisses Se ele/ela sentisse Se nós sentíssemos Se vós sentísseis Se eles/elas sentissem	Se eu dormisse Se tu dormisses Se ele/ela dormisse Se nós dormíssemos Se vós dormísseis Se eles/elas dormissem
Futuro		
Quando eu dividir Quando tu dividires Quando ele/ela dividir Quando nós dividirmos Quando vós dividirdes Quando eles/elas dividirem	Quando eu sentir Quando tu sentires Quando ele/ela sentir Quando nós sentirmos Quando vós sentirdes Quando eles/elas sentirem	Quando eu dormir Quando tu dormires Quando ele/ela dormir Quando nós dormirmos Quando vós dormirdes Quando eles/elas dormirem

Modo imperativo – Terceira conjugação

Dividir	Sentir	Dormir
Afirmativo		
—	—	—
Divide tu	Sente tu	Dorme tu
Divida você	Sinta você	Durma você
Dividamos nós	Sintamos nós	Durmamos nós
Dividi vós	Senti vós	Dormi vós
Dividam vocês	Sintam vocês	Durmam vocês
Negativo		
—	—	—
Não dividas tu	Não sintas tu	Não durmas tu
Não divida você	Não sinta você	Não durma você
Não dividamos nós	Não sintamos nós	Não durmamos nós
Não dividais vós	Não sintais vós	Não durmais vós
Não dividam vocês	Não sintam vocês	Não durmam vocês

Formas nominais – Terceira conjugação

Dividir	Sentir	Dormir
Infinitivo pessoal		
Dividir eu	Sentir eu	Dormir eu
Dividires tu	Sentires tu	Dormires tu
Dividir ele/ela	Sentir ele/ela	Dormir ele/ela
Dividirmos nós	Sentirmos nós	Dormirmos nós
Dividirdes vós	Sentirdes vós	Dormirdes vós
Dividirem eles/elas	Sentirem eles/elas	Dormirem eles/elas
Gerúndio		
Dividindo	Sentindo	Dormindo
Particípio		
Dividido	Sentido	Dormido

● Conjugação de alguns verbos irregulares

Modo indicativo

Ilustrações: Ilustra Cartoon/Arquivo da editora

Dar	Trazer	Pedir
Presente		
Eu dou	Eu trago	Eu peço
Tu dás	Tu trazes	Tu pedes
Ele/Ela dá	Ele/Ela traz	Ele/Ela pede
Nós damos	Nós trazemos	Nós pedimos
Vós dais	Vós trazeis	Vós pedis
Eles/Elas dão	Eles/Elas trazem	Eles/Elas pedem
Pretérito perfeito		
Eu dei	Eu trouxe	Eu pedi
Tu deste	Tu trouxeste	Tu pediste
Ele/Ela deu	Ele/Ela trouxe	Ele/Ela pediu
Nós demos	Nós trouxemos	Nós pedimos
Vós destes	Vós trouxestes	Vós pedistes
Eles/Elas deram	Eles/Elas trouxeram	Eles/Elas pediram
Pretérito imperfeito		
Eu dava	Eu trazia	Eu pedia
Tu davas	Tu trazias	Tu pedias
Ele/Ela dava	Ele/Ela trazia	Ele/Ela pedia
Nós dávamos	Nós trazíamos	Nós pedíamos
Vós dáveis	Vós trazíeis	Vós pedíeis
Eles/Elas davam	Eles/Elas traziam	Eles/Elas pediam
Pretérito mais-que-perfeito		
Eu dera	Eu trouxera	Eu pedira
Tu deras	Tu trouxeras	Tu pediras
Ele/Ela dera	Ele/Ela trouxera	Ele/Ela pedira
Nós déramos	Nós trouxéramos	Nós pedíramos
Vós déreis	Vós trouxéreis	Vós pedíreis
Eles/Elas deram	Eles/Elas trouxeram	Eles/Elas pediram

Dar	Trazer	Pedir
Futuro do presente		
Eu darei	Eu trarei	Eu pedirei
Tu darás	Tu trarás	Tu pedirás
Ele/Ela dará	Ele/Ela trará	Ele/Ela pedirá
Nós daremos	Nós traremos	Nós pediremos
Vós dareis	Vós trareis	Vós pedireis
Eles/Elas darão	Eles/Elas trarão	Eles/Elas pedirão
Futuro do pretérito		
Eu daria	Eu traria	Eu pediria
Tu darias	Tu trarias	Tu pedirias
Ele/Ela daria	Ele/Ela traria	Ele/Ela pediria
Nós daríamos	Nós traríamos	Nós pediríamos
Vós daríeis	Vós traríeis	Vós pediríeis
Eles/Elas dariam	Eles/Elas trariam	Eles/Elas pediriam

Modo subjuntivo

Dar	Trazer	Pedir
Presente		
Que eu dê	Que eu traga	Que eu peça
Que tu dês	Que tu tragas	Que tu peças
Que ele/ela dê	Que ele/ela traga	Que ele/ela peça
Que nós demos	Que nós tragamos	Que nós peçamos
Que vós deis	Que vós tragais	Que vós peçais
Que eles/elas deem	Que eles/elas tragam	Que eles/elas peçam
Pretérito imperfeito		
Se eu desse	Se eu trouxesse	Se eu pedisse
Se tu desses	Se tu trouxesses	Se tu pedisses
Se ele/ela desse	Se ele/ela trouxesse	Se ele/ela pedisse
Se nós déssemos	Se nós trouxéssemos	Se nós pedíssemos
Se vós désseis	Se vós trouxésseis	Se vós pedísseis
Se eles/elas dessem	Se eles/elas trouxessem	Se eles/elas pedissem
Futuro		
Quando eu der	Quando eu trouxer	Quando eu pedir
Quando tu deres	Quando tu trouxeres	Quando tu pedires
Quando ele/ela der	Quando ele/ela trouxer	Quando ele/ela pedir
Quando nós dermos	Quando nós trouxermos	Quando nós pedirmos
Quando vós derdes	Quando vós trouxerdes	Quando vós pedirdes
Quando eles/elas derem	Quando eles/elas trouxerem	Quando eles/elas pedirem

Modo imperativo

Dar	Trazer	Pedir
Afirmativo		
—	—	—
Dá tu	Traze tu	Pede tu
Dê você	Traga você	Peça você
Demos nós	Tragamos nós	Peçamos nós
Dai vós	Trazei vós	Pedi vós
Deem vocês	Tragam vocês	Peçam vocês
Negativo		
—	—	—
Não dês tu	Não tragas tu	Não peças tu
Não dê você	Não traga você	Não peça você
Não demos nós	Não tragamos nós	Não peçamos nós
Não deis vós	Não tragais vós	Não peçais vós
Não deem vocês	Não tragam vocês	Não peçam vocês

Formas nominais

Dar	Trazer	Pedir
Infinitivo pessoal		
Dar eu	Trazer eu	Pedir eu
Dares tu	Trazeres tu	Pedires tu
Dar ele/ela	Trazer ele/ela	Pedir ele/ela
Darmos nós	Trazermos nós	Pedirmos nós
Dardes vós	Trazerdes vós	Pedirdes vós
Darem eles/elas	Trazerem eles/elas	Pedirem eles/elas
Gerúndio		
Dando	Trazendo	Pedindo
Particípio		
Dado	Trazido	Pedido

Material de apoio

Caderno de gramática
e ortografia

5º ANO

Bedrin/Shutterstock/Glow Images

editora scipione

1 Complete os espaços com vogal ou consoante e leia a quadrinha.

◻ vogal   ◻ consoante

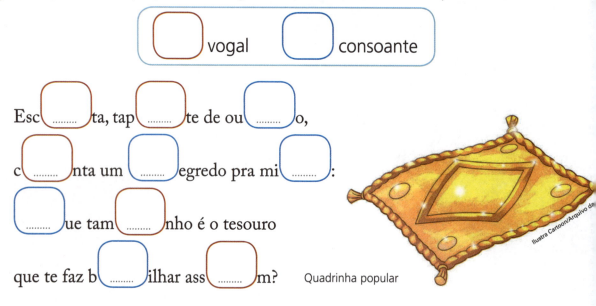

Esc......ta, tap......te de ou......o,

c......nta um ......egredo pra mi......:

......ue tam......nho é o tesouro

que te faz b......ilhar ass......m?   Quadrinha popular

Ilustra Cartoon/Arquivo da

2 Separe as sílabas das palavras abaixo. **Dica**: Observe os hifens.

tapete .............-.............-.............   mim ....

tesouro .............-.............-.............   ouro ....-.............

brilhar ....-.............   segredo .............-.............-.............

faz ....   escuta .............-.............-.............

3 Indique a quantidade de letras e fonemas das palavras abaixo.

	Letras	Fonemas		Letras	Fonemas
assim →	.... →	....	tapete →	.... →	....
segredo →	.... →	....	conta →	.... →	....
tamanho →	.... →	....	ouro →	.... →	....
brilhar →	.... →	....	que →	.... →	....
faz →	.... →	....	mim →	.... →	....

4 Leia o poema.

A corujinha

Corujinha, corujinha
Que peninha de você
Fica toda encolhidinha
Sempre olhando, não sei quê.

O seu canto de repente
Faz a gente estremecer
Corujinha, pobrezinha
Todo mundo que te vê
Diz assim, ah! coitadinha
Que feinha que é você.

Quando a noite vem chegando
Chega o teu amanhecer
E se o Sol vem despontando
Vais voando te esconder.

Hoje em dia andas vaidosa
Orgulhosa como quê
Toda noite tua carinha
Aparece na TV.

Corujinha, coitadinha
Que feinha que é você!

A arca de Noé, de Vinicius de Moraes. São
Paulo: Companhia das Letrinhas, 1997.

a) Releia a segunda estrofe e circule os sinais de pontuação empregados. Depois, escreva o nome deles nas linhas.

sétimo verso

nono verso

....

....

nono verso

décimo verso

....

....

b) Releia a primeira estrofe e copie as palavras que apresentam:

○ vogais juntas: ....

....

○ consoantes juntas: ....

....

c) Releia o poema e copie as palavras com:

○ til: ....

○ acento gráfico: ....

○ Agora pinte de amarelo a palavra que tem acento agudo e, de verde, aquela com acento circunflexo.

d) Copie do poema as palavras que terminam com **s** e as palavras que terminam com **z**.

○ com s: ....

○ com z: ....

5 Observe a palavra **corujinha**.

a) Qual vogal não é empregada nela?

....

....

b) Nessa palavra há um encontro de consoantes. Qual é esse encontro e como ele é classificado?

....

....

....

6 Releia a segunda estrofe do poema e copie o trecho que indica o que todo mundo diz.

....

....

....

a) Copie as palavras do trecho que indicam como é a corujinha.

....

....

b) Agora separe as sílabas das palavras que você copiou, indique os encontros vocálicos e classifique-os em **ditongo** ou **hiato**.

....

....

....

o Qual dígrafo há nessas palavras? ....

c) Leia a palavra abaixo em voz alta e preste atenção no som das vogais que formam o ditongo.

c   o   i   t   a   d   i   n   h   a

o Pinte o círculo que indica a vogal pronunciada com mais força no ditongo.

d) Leia estas palavras em voz alta e pinte de amarelo a semivogal e de verde a vogal.

| n | ã | o |

| s | e | i |

| s | e | u |

| v | a | i | s |

| n | o | i | t | e |

| q | u | a | n | d | o |

7 O texto abaixo apresenta algumas palavras sem o acento gráfico necessário. Observe as letras destacadas e coloque o acento correto.

O que aconteceria com a Terra se a Lua não existisse?

E dif**i**cil saber com certeza. Se a Lua não existisse, os dias teriam um pouco menos de 24 horas. Isso porque ela causa um efeito de mares, puxando a **a**gua dos oceanos, e assim produz um lent**i**ssimo freamento na rotação do planeta. A aus**e**ncia da Lua e das mar**e**s poderia mudar outros fen**o**menos e at**e** o modo de vida de alguns seres do planeta, mas não se pode prever exatamente que mudanças aconteceriam. Aos poucos, a Lua e a Terra estão se afastando e os cientistas acreditam que, em 30 bilhões de anos, a Terra perder**a** seu sat**e**lite.

Curiosidades Recreio, de Fernando Santos (Org.).
São Paulo: Abril, 2011.

a) Separe as sílabas das palavras em que você empregou acento gráfico e circule as sílabas tônicas.

....

....

....

....

b) Agora classifique as palavras do item **a** em:

- monossílabos tônicos: _____

- paroxítonas: _____

- proparoxítonas: _____

- oxítonas: _____

8 Leia este texto:

Carol era uma menina **magra** e **delicada** amiga de Ângelo, um menino muito educado e **forte** que vivia prá lá e prá cá no bairro onde moravam. Eles não tinham muito dinheiro e a vida era muito **dura**. Mas Carol não era uma menina **triste** e sempre era muito **gentil** com as pessoas.

Ilustra Cartoon/Arquivo da editora

- Agora transforme no quadro abaixo os adjetivos em substantivos com o auxílio da terminação **-eza**.

Adjetivo	Substantivo
magra	....
delicada	....
forte	....

Adjetivo	Substantivo
dura	....
triste	....
gentil	....

1 Leia o texto.

A Iara e a poluição das águas

[...]

Ao ver o amiguinho [o Curupira], a Iara explicou, queixosa:

— Não sei o que me aconteceu, Curupira! Não estou conseguindo respirar direito dentro do rio, como estou acostumada. Há alguma coisa na água que está me provocando espirros e soluços. Veja os coitados dos peixinhos: estão todos ficando muito doentes!

O Curupira fungou um pouco e disse:

— É... há um cheiro meio estranho por aqui... vai ver que esse rio está ficando poluído!

A Iara arregalou os olhos e foi logo perguntando, curiosa:

— Poluído? Que quer dizer isso? Eu nunca ouvi essa palavra!

— Poluído quer dizer sujo — explicou o Curupira.

— Sujo? Não pode ser. O meu rio não é sujo. Ele só fica um pouco turvo quando chove, porque a chuva traz um pouco de terra dos barrancos. Mas isso não faz mal nem a mim nem aos peixinhos.

O Curupira explicou:

Ilustra Cartoon/Arquivo da editora

— Não é disso que estou falando. A poluição é causada por coisa podre... ou então por venenos.

— Coisa podre? Venenos? Do que é que você está falando? — perguntou a Iara, assustada. — Eu acho que você só quer me fazer medo!

O Curupira ficou um pouco triste e preocupado:

— Não, Iara, eu não estou querendo assustar você. Infelizmente não estou brincando. Acho, mesmo, que alguém está jogando coisas que apodrecem no rio: esgoto, lixo e coisas assim... Sem contar os venenos que são jogados pelas fábricas!

— Mas quem iria fazer uma malvadeza dessas? Os nossos amiguinhos índios sempre fizeram suas casas perto do rio, mas não jogavam lixo nele.

— É que os índios não constroem cidades! Nem fábricas! São elas que acabam poluindo os rios.

— Cidades?! Fábricas?! — exclamou a Iara, muito espantada. — Eu nunca pensei que existisse isso por aqui!

— Elas brotam em toda parte e sempre na beira dos rios — explicou o Curupira.

A Iara mostrou-se um pouco preocupada:

— Será que alguma delas brotou por aqui?

— É bem possível — respondeu o Curupira. — Um lugar como este, com um rio tão bonito, é sempre procurado pelos homens quando se quer construir uma cidade. As pessoas chegam, derrubam toda a mata, afugentam os animais e logo constroem casas, prédios e fábricas. Em pouco tempo, em vez de árvores, só vemos chaminés; e o rio, que era limpo e cristalino, logo vira esgoto e depósito de sujeira.

— Mas... será que não existe um jeito de construir a cidade sem destruir tudo o que a natureza demorou tanto para fazer?

O Curupira sorriu:

— Existe, sim. Há cidades que não poluem. Mas, infelizmente, parece que algumas pessoas gostam de viver na sujeira! [...]

A Iara e a poluição das águas, de Samuel Murgel Branco. São Paulo: Moderna, 2002.

2 Releia os seis primeiros parágrafos e copie as palavras que indicam:

a) personagens do folclore; ....

b) lugar onde vive a Iara; ....

c) reações provocadas na Iara; ....

d) animais; ....

e) odor; ....

f) aquilo que é formado por letras e fonemas; ....

g) pessoa com quem temos amizade. ....

> As palavras que você copiou são classificadas como **substantivo**.
> O substantivo nomeia os seres em geral, reais ou imaginários.

3 Leia os substantivos e, antes deles, empregue os artigos **o**, **os**, **a**, **as**.

.... rio	....	.... chuva	....
.... terra	....	.... barrancos	....
.... peixinhos	....	.... poluição	....
.... venenos	....	.... medo	....
.... esgoto	....	.... lixo	....
.... fábricas	....	.... malvadeza	....
.... índios	....	.... casas	....
.... cidades	....	.... homens	....

a) Leia as sequências formadas e coloque, nos quadrinhos, **s.m.** para **substantivo masculino** e **s.f.** para **substantivo feminino**.

b) Observe as palavras dos quadros e complete os espaços com as formas femininas delas.

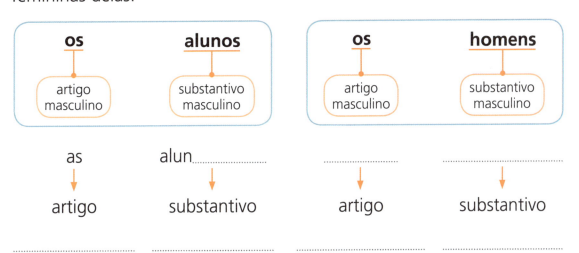

os	alunos
artigo masculino	substantivo masculino

os	homens
artigo masculino	substantivo masculino

as   alun........................   ....

↓   ↓   ↓   ↓

artigo   substantivo   artigo   substantivo

....

4) Releia o segundo e o quarto parágrafos do texto **A Iara e a poluição das águas** e copie as palavras que indicam:

a) como estão os peixes; ....

b) como é o cheiro; ....

c) como está o rio. ....

5) Leia os parágrafos do texto indicados abaixo, localize o substantivo dado e copie o(s) adjetivo(s) que se refere(m) a ele.

a) décimo primeiro parágrafo.

    o Iara: ....

b) décimo segundo parágrafo.

    o Curupira: ....

c) décimo sexto parágrafo.

    o Iara: ....

d) décimo oitavo parágrafo

    o Iara: ....

6 Releia o parágrafo abaixo e observe as palavras destacadas. Depois pinte-as de acordo com a legenda para classificá-las.

substantivo   artigo   adjetivo

"— É bem possível — respondeu **o** Curupira. — Um **lugar** como este, com **um rio** tão **bonito**, é sempre procurado pelos homens quando se quer construir uma **cidade**. As pessoas chegam, derrubam toda **a** mata, afugentam **os** animais e logo constroem casas, prédios e fábricas. Em pouco **tempo**, em vez de árvores, só vemos chaminés; e o **rio**, que era **limpo** e **cristalino**, logo vira esgoto e **depósito** de **sujeira**."

7 Complete o quadro com o adjetivo correspondente a cada substantivo. Veja os exemplos.

Substantivo	Adjetivo
queixa	*queixoso*
costume	*acostumado*
utilidade	
caridade	
pureza	
tristeza	
preocupação	
espanto	
possibilidade	

a) Os substantivos do quadro são classificados como:

○ comuns.   ○ concretos.

○ próprios.   ○ abstratos.

b) Leia estas frases:

O <u>**rio**</u> está <u>**poluído**</u>.

> substantivo
> masculino singular

> adjetivo
> masculino singular

As <u>**águas**</u> estão <u>**poluídas**</u>.

> substantivo
> feminino plural

> adjetivo
> feminino plural

Ilustra Cartoon/Arquivo da editora

○ Releia os adjetivos do quadro da página anterior e copie os que são usados da mesma forma com substantivo feminino e com substantivo masculino.

....

8 No texto **A Iara e a poluição das águas** foram empregados os substantivos abaixo:

> amiguinhos   peixinhos

○ Escreva esses substantivos na coluna que indica o grau em que eles estão. Depois complete o quadro com as outras formas dessas palavras.

Grau normal	Grau aumentativo	Grau diminutivo
....	....	....
....	....	....

9 Observe as palavras abaixo retiradas do texto e escreva o antônimo delas usando **des-** ou **im- (in-)**.

gostam: ....

faz: ....

construir: ....

poluição: ....

preocupado: ....

possível: ....

10 Encontre no texto **A Iara e a poluição das águas** uma palavra que inicia com **im-** ou **in-** indicando oposição. Copie-a abaixo e escreva seu antônimo.

....

1 Leia o poema.

Balaio de gatos

Benito era um gato bonito.
Gambito, um gato cambaio.
Dormiam tão inocentes,
um no outro enroscados,
quando, sei lá, de repente,
Benito teve um faniquito,
Gambito disparou como um raio.
Deram um salto esquisito,
caíram dentro do balaio.

O balaio ficou mais balofo
porque já estava lotado
de gatos de todos os jeitos:
brancos, pretos e malhados.
Dormiam lá dentro largados:
Marajá, o vira-lata rajado;
Pimpinela, a gata amarela;
Lizandro, o gato malandro;
um bando de gatos folgados!

O balaio balançou prum lado:
Gambito ficou abalado.
Balançou pro outro lado:
Benito pensou no peixe frito
que tinha há pouco almoçado.
O balaio balalão veio ao chão,
Os gatos foram despejados.
Cada um miando num tom.
O coro mais desafinado.

Balaio de bichos, de Cláudio Fragata. São Paulo: DCL, 2005.

2 Leia as frases abaixo, baseadas no poema da página anterior e complete com o grau comparativo de:

(igualdade)

a) Gambito era .... rápido .... um raio.

(inferioridade)

b) Pimpinela, a gata amarela, era .... malandra .... Lizandro.

(superioridade)

c) Benito era .... bonito .... Gambito.

o Agora, citando os personagens do poema, crie três frases utilizando o grau comparativo de igualdade, inferioridade e superioridade.

....

....

....

3 Complete o quadro utilizando o grau superlativo absoluto analítico e o absoluto sintético, conforme o exemplo:

Adjetivo	Grau superlativo	
	Absoluto analítico	Absoluto sintético
inocentes	muito inocentes	inocentíssimos
esquisito		
largados		
malandro		
desafinado		

4 Releia o poema **Balaio de gatos** e depois responda às questões abaixo.

a) Quantos gatos são citados no texto? Escreva o nome deles.

....

....

b) Quantas vezes a palavra **balaio** aparece no poema?

....

c) Escreva a ordem em que cada gato aparece no texto.

- Gambito aparece em .... lugar.

- Marajá aparece em .... lugar.

- Lizandro aparece em .... lugar.

- Benito aparece em .... lugar.

- Pimpinela aparece em .... lugar.

5 Leia as frases abaixo e complete as perguntas com pronomes interrogativos.

a) .... caiu dentro do balaio?

Benito e Gambito caíram dentro do balaio.

b) .... gatos já estavam dentro do balaio?

Marajá, Pimpinela e Lizandro.

c) .... peixes Benito almoçou?

Benito almoçou um peixe frito.

6 Reescreva as orações unindo-as com pronomes relativos.

a) O balaio balançou e Benito pensou no peixe frito. Benito almoçou peixe frito há pouco.

b) Marajá é um gato vira-lata. O pelo de Marajá é rajado.

7 Leia a carta abaixo e faça as atividades da página seguinte.

São José dos Campos, 10 de janeiro de 2015.

Oi, Paula.

Tudo bem?

Eu sei que está surpresa em receber uma carta, hoje em dia é muito mais rápido e prático mandar um e-mail, mensagem pelo celular ou rede social, mas resolvi te surpreender.

Eu estou te escrevendo para convidá-la para um almoço comemorando meu aniversário em minha casa. Toda a família e amigos estarão reunidos e gostaria que você também estivesse presente. Será no dia 20 de fevereiro.

Na verdade, além de mim, a Juliana também conta com tua presença, afinal não preciso dizer o quanto minha irmã gosta de você. E nós queremos agradecer mais uma vez, pessoalmente, por ter nos recebido em tua casa durante nossas férias.

Aproveito para lembrar que o Rodrigo e a Carol estiveram aqui e mandaram beijos. O Rodrigo e a Carol também deixaram um presente para ti, está guardado aqui comigo, não quis enviar pelo correio para você ter mais um motivo para vir ao almoço. E, se quiser trazer mais alguém, saiba que teus amigos são nossos amigos também! Serão todos bem-vindos. Mande um beijo para o Igor, diga que não consigo esquecer seu bom humor matinal. O Igor realmente faz todas as pessoas sorrirem.

Aguardo tua resposta, pode ser por carta, e-mail, mensagem, o que preferir.

Beijos,

Gisele

8 Agora copie da carta:

a) os pronomes pessoais do caso reto.

....

b) os pronomes pessoais do caso oblíquo.

....

c) três pronomes possessivos.

....

d) um pronome de tratamento.

....

9 Releia os trechos da carta abaixo e substitua as palavras em destaque por um pronome pessoal do caso reto.

a) "Na verdade, além de mim, a Juliana também conta com tua presença, afinal não preciso dizer o quanto **minha irmã** gosta de você."

....

....

....

b) "O **Rodrigo e a Carol** também deixaram um presente para ti."

....

....

c) "O **Igor** realmente faz todas as pessoas sorrirem."

....

10 Na carta, é possível encontrar uma locução adjetiva. Escreva-a abaixo e depois escreva o conjunto de palavras (preposição + substantivo) equivalente à locução.

Locução adjetiva	Preposição + substantivo
....	....

1 Leia o texto abaixo:

A dor azul

A menina sentia uma dor azul, todos os dias, ali pelas cinco horas da tarde.

Não era uma dor grandona de puxar o choro pra fora. Era só uma dorzinha. Mas era bem azulzona.

Achavam que era maluquice. "Dor não tem cor!"

Mas como a dor azul não passava, começaram a achar que ela doía mesmo.

Levaram a menina para todos os médicos do mundo, fizeram todos os exames que existiam, e ninguém descobriu o que era aquilo. Procuraram então um psicólogo e é claro que ele achou que aquilo era psicológico. A dor azul não queria nem saber. Ia e vinha. Sempre na mesma hora.

Os anos foram passando e o azul da dor continuava colorindo as tardes da menina. Só as tardes.

De manhã ela sentia uma saudade lilás. E à noite, um desejo prata que ela não sabia bem de quê.

A menina cresceu. E um dia conheceu um rapaz que sentia uma vontade violeta de espirrar nas manhãs nubladas.

Eles se gostaram tanto, um gostar laranja que foi se avermelhando sem parar, até que se casaram, numa noite dourada de alegria, cheia de luzinhas roxas de paixão.

Um ano depois, numa madrugada de cheiros cor-de-rosa, ela teve uma filhinha. E nunca tinha sentido um carinho tão verde em toda a sua vida.

Ilustra Cartoon/Arquivo da editora

A filha da menina, quando cresceu, herdou a vontade violeta de espirrar do pai e, da mãe, o desejo prateado.

A dor azul nunca mais apareceu.

E a menina, que já era uma mulher, descobriu que o nome da dor azul, como está no dicionário, é desassossego.

E que esse desassossego queria dizer, mais ou menos, em palavras de adulto: "Como será que vai ser a minha vida daqui pra frente?"

Sete histórias para contar, de Adriana Falcão. São Paulo: Salamandra, 2008.

2 Leia as palavras abaixo e escreva **s** nas palavras classificadas como **substantivo** e **v** nas que são classificadas como **verbo**.

( ) dor   ( ) vida   ( ) viver

( ) chorar   ( ) doer   ( ) desejar

( ) desejo   ( ) choro   ( ) filha

a) Complete as frases a seguir com a forma verbal adequada. Depois leia as frases.

- A menina sentia uma dor que .... todos os dias. (doía – doem – doendo)

- O menino e a menina .... se casar. (desejaram – desejei – desejamos)

- A filha da menina .... sem a dor azul que a mãe tinha. (viveram – vive – viverei)

b) Observe o exemplo, complete os espaços e leia as sequências.

- dor   _doer_   doendo   _doído_

- choro   ....   chorado

- ....   desejar   ....   desejado

- vida   ....   vivendo   ....

3 Releia o texto **A dor azul**. Depois copie os advérbios e as locuções adverbiais.

....

....

....

4 Retire da atividade anterior dois advérbios ou locuções adverbiais de:

a) tempo: ....

b) lugar: ....

c) intensidade: ....

5 Escolha três advérbios ou locuções adverbiais do texto e escreva uma frase com cada um(a).

....

....

....

....

....

....

....

....

6 Leia a frase abaixo e, depois, reescreva-a com o sentido oposto.

> A menina não sentia uma dor azul, por isso estava bem.

....

....

7 Observe estas fotos e crie um parágrafo sobre elas, empregando alguns advérbios e locuções adverbiais.

8 Releia abaixo um trecho do texto **A dor azul**. Observe os verbos destacados.

"A menina **sentia** uma dor azul, todos os dias, ali pelas cinco horas da tarde.

Não **era** uma dor grandona de puxar o choro pra fora. **Era** só uma dorzinha. Mas **era** bem azulzona.

Achavam que **era** maluquice. 'Dor não tem cor!'

Mas como a dor azul não **passava, começaram** a achar que ela **doía** mesmo.

Levaram a menina para todos os médicos do mundo, **fizeram** todos os exames que **existiam**, e ninguém **descobriu** o que **era** aquilo. **Procuraram** então um psicólogo e é claro que ele **achou** que aquilo **era** psicológico. A dor azul não **queria** nem saber. **Ia** e **vinha**. Sempre na mesma hora."

o Agora complete o trecho com os verbos destacados acima no tempo presente.

A menina .... uma dor azul, todos os dias, ali pelas cinco horas da tarde.

Não .... uma dor grandona de puxar o choro pra fora. .... só uma dorzinha. Mas .... bem azulzona.

.... que .... maluquice. "Dor não tem cor!"

Mas como a dor azul não ...., ... a achar que ela .... mesmo.

.... a menina para todos os médicos do mundo, ... todos os exames que ...., e ninguém .... o que .... aquilo. .... então um psicólogo e é claro que ele .... que aquilo .... psicológico. A dor azul não .... nem saber. .... e .... Sempre na mesma hora.

9 Complete o quadro com o infinitivo dos verbos.

Verbo no pretérito	Verbo no infinitivo
sentia	
era	
achavam	
passava	
começaram	
doía	
levaram	
fizeram	
existiam	
descobriu	
procuravam	
achou	
queria	
ia	
vinha	

10 Ligue cada sujeito a seu predicado de acordo com o texto **A dor azul**.

A menina   não herdou a dor azul da mãe.

Os médicos   se gostaram muito.

O menino e a menina   sentia uma dor azul.

A filha   não descobriram o que era a dor.